¿QUIERE SER CIUDADANO

AMERICANO?

10 COSAS

QUE LE PODRÁN AYUDAR

Maritza Salvado

Washington, D.C. USA

ISBN 1440485089
LCCN

Printed in the United States of America.

Introducción

Desde que llegué a los Estados Unidos, aunque era muy joven, al instante fui consciente de la mejor vida que aquí se vivía, comparándola con la de mi país. Me fijé en las carreteras, los edificios, las comodidades y las bellezas y a esa edad, decidí que permanecería aquí para el resto de mi vida.

Al día siguiente de lo ocurrido el 11 de septiembre de 2001, cuando los terroristas destruyeron las torres gemelas y atacaron el Pentágono, cuando iba camino al trabajo, noté que me había acostumbrado tanto a estar aquí, que ya me había olvidado de toda la belleza a mí alrededor. Empecé nuevamente a notar los paisajes por los cuales pasaba día tras día sin prestarles atención. Me pregunté, ¿cómo pueden esos terroristas querer destruir semejante paraíso? Me sentía triste al pensar que eso podía ser posible.

Continué admirando los paisajes que este país nos ofrece, apreciando cada día más las estaciones del año; dándoles la bienvenida según van llegando. Una mañana de invierno, los árboles ya desnudos sin sus hojas, ofrecían una vista inolvidable.

¿QUIERE SER CIUDADANO AMERICANO?

Con sus ramas envueltas en hielo, bajo un sol brillante y rodeado de nieve, parecían una postal turística. El otoño, antes que las hojas caigan desnudando las ramas en preparación para el invierno, presenta un panorama encantador, con sus diversos y brillantes colores, a la vez que anuncia el fin del verano, cuya corta estadía hemos disfrutado afanosamente. La primavera, mi estación favorita, pone fin a la temporada de frío. El despertar de los árboles y las flores que años tras años duermen durante el invierno, protegiéndose contra los elementos de la naturaleza, parecen indicar el comienzo de una vida nueva.

Quizás deba dar gracias a los terroristas por haber abierto mis ojos porque antes sólo pensaba en el calor y el frío, sin darle a cada estación del año la importancia que merece. Mi madre siempre dice, cuando recorremos en auto las carreteras bordeadas de árboles con sus hojas verdes o coloreadas, o sus ramas en flor, que "¡este país es una bendición!".

Aunque el país se ha ido deteriorando, y no sólo a causa de los terroristas sino, como todos sabemos, por el estado en que actualmente se encuentra la economía, nunca dejará de ser América.

No sabemos en qué va a parar este país de inmigrantes porque todo se está polarizando al extremo. Cada día más parece que el paraíso está oscureciendo. La gente se siente oprimida por los altos impuestos. Pienso que llegará el día en que nos cobrarán impuestos hasta por caminar por las calles, cuando nos sea imposible movilizarnos en auto por no poder costear el costo de la gasolina.

Aparentemente, también a los latinos, con o sin documentos, les ha caído este peso encima, según han ido desarrollándose las cosas después del ataque del 11 de septiembre. Aún así, sé que hay muchos indocumentados y residentes permanentes que todavía prefieren permanecer aquí.

Introducción

En el estado de agitación actual en que se encuentra los Estados Unidos, podemos imaginarnos que muchos perderán el anhelo de venir a comenzar una vida nueva acá, o que los residentes y ciudadanos pierdan el interés en continuar viviendo aquí. Pero yo pienso que esto no continuará por mucho tiempo. Lo veo como un huracán que está cruzando por todo el país, queriendo arrasar con todo. Dicen que los huracanes forman parte de una limpieza a la naturaleza.

Este país necesita que arrasen con todos los que lo han convertido en un desastre y que la visión de los que formaron este imperio continúe. Después de la depresión que empezó en 1929, el país cambio para mejor. Quizás después que pase esta situación, que es similar a aquella, veremos las cosas de otra manera y no continuaremos dando todo por sentado. Es necesario que despertemos y recordemos lo que representa este país que no pertenece a nadie en particular sino a todos nosotros.

Para aquellos que todavía aspiran algún día a ser ciudadanos de los Estados Unidos y para los que ya se sienten apegados a este gran país, pase lo que, es que escribo las siguientes opiniones:

Nota: Los consejos, sugerencias, comentarios y/o relatos no son necesariamente ni totalmente relacionados únicamente con los latinos o personas específicas o conocidas por el autor. Asimismo, en muchas instancias, dichos consejos pueden ser aplicados o dirigidos a cualquier raza o país.

CONTRIBUYENTES

Edición: Sonia Rodríguez.

Ayuda y sugerencias agradecidas:
Carlos Salvado, Sonia Rodríguez, Georgina De Moya, Xiomara Rodriguez.

Gracias a toda mi familia y amistades por su apoyo
Y
A las oficinas legales de Salvado, Salvado & Salvado, P.C.

Además...

Este libro es dedicado a mi madre, que a la edad de 34 años y con cuatro hijas, tuvo la habilidad y el coraje de sobrepasar todo los obstáculos para poder dejar atrás una vida insoportable y lograr lo mejor que pudo en los Estados Unidos.

¿QUIERE SER CIUDADANO AMERICANO?

Contenido

1

APRENDA INGLÉS

Lo primero que todo inmigrante que tiene la intención de permanecer en el extranjero debe hacer, es aprender el idioma del país en el que pretende residir. Es increíble la cantidad de personas que viven en los Estados Unidos por mucho tiempo y no saben decir ni una sola palabra en inglés.

Los americanos ya se están cansando de que nadie los entienda cuando hablan. Se están quejando de que nosotros los latinos estamos tratando de cambiar el idioma y hasta algunos estados están exigiendo que sólo se hable inglés en este país.

Ellos dicen que el inglés es la lengua oficial de este país y no el español, como pareciera ser en muchos lugares del país. Yo les doy toda la razón.

Es cierto que muchos vienen con la intención de regresar a su país algún día y el tiempo se les pasa sin darse cuenta porque están muy ocupados trabajando más de lo necesario, y ganando poco, porque no hablan inglés.

Comprendo que la mayoría de esas personas son padres de familia cuya única agenda es laborar día y noche para poder sobrevivir, y no le dan importancia a estas cosas.

Mi madre fue una de esas personas. Cuando llegó a este país en 1961 todo era muy diferente. Por más mala que era la situación que atravesábamos, todavía le parecía estar en un paraíso, comparado con lo que había dejado atrás.

Ella llegó a este país con cuatro hijas. Al poco tiempo nosotras hablábamos y comprendíamos bastante bien el inglés, mientras que ella no, debido a su fijación en el trabajo y en nuestro bienestar.

Sin embargo, fue de ella que aprendimos nuestras primeras palabras en inglés, y una de ellas fue "help!" Ella estaba muy nerviosa al encontrarse con cuatro hijas en un país con fama de ser peligroso y en donde pasaban muchos casos raros y misteriosos. Recuerdo que nos dijo "si alguien les está atacando, no griten ¡auxilio!, Porque nadie las va a entender".

Con el pasar de los años, me puse a pensar lo fácil que hubiese sido todo para ella, que también tenía sus aspiraciones, si sólo hubiese aprendido inglés. Con su gran talento para diseñar cosas y su buena costura, pudo haber llegar a ser una gran diseñadora. Nunca pensamos en ella sino en nosotras mismas, y nunca vimos su potencial.

Me imagino que todos los hijos somos iguales porque nos acostumbramos a que nuestros padres hagan todo por nosotros. La realidad es que nosotras teníamos el deber de ayudarla, tal como ella nos ayudaba a nosotras. A medida que aprendíamos el idioma, teníamos el deber de enseñarle, para evitarle arduos años de trabajo y así comenzar a recompensar su cariño y sus gentilezas de alguna manera. En ese tiempo era mucho más fácil aprender inglés porque no existían tantos programas y canales de televisión en español.

Este párrafo es para todos los recién llegados, traídos a este país por sus padres, especialmente los más jóvenes. Sepan que nunca es tarde para que su padre o madre empiece a aprender el idioma inglés.

Conversen con ellos en inglés para que ellos también aprendan de la misma forma que lo están haciendo ustedes. Así sus padres podrán lograr todo lo que es posible en este país de grandes oportunidades tal como ustedes mismos lograrán todo lo posible cuando obtengan un dominio del idioma inglés, porque estarán en buen camino para seguir adelante.

***

Los hijos mayores de 18 años que llegan al país, ya no pueden ingresar en la escuela y terminan trabajando para ayudar en el mantenimiento de sus hermanos o hermanas menores, perdiendo la oportunidad de aprender el idioma y de estudiar.

Muchas veces sus hermanos no reconocen ese sacrificio. Es un error que se debe evitar porque es justo que los menores se encarguen de ayudar a sus hermanos mayores también para que ellos aprendan el idioma. Repagándoles de esta manera por el favor que les están haciendo.

Llegué a esta conclusión demasiado tarde porque cuando nosotras llegamos a este país mi hermana mayor empezó a trabajar para ayudarnos, con mucho gusto y sin quejarse, pero nunca le di las gracias porque lo tomé como si fuera su deber. Todos llegamos con el mismo deseo de aprender el idioma inglés, y no hay razón para que alguien en la familia se quede atrás, como si uno fuera mejor que otro.

***

A la vez recuerden que el español también es importante y vale la pena dominar. Es tan importante hablar inglés como español. Algunos de los que tenemos hijos nacidos aquí permitimos que crezcan hablando solamente el inglés. Aunque yo traté al principio de que los míos hablaran español, me di por vencida porque nunca me contestaban en español.

Todos nos arrepentimos cuando ellos comenzaron a trabajar con el público latino y no comprendían ni siquiera los nombres, como por ejemplo, cuando hablaban por teléfono.

Afortunadamente, tenían el conocimiento y poco a poco se han podido comunicar mejor.

Ellos en realidad crecieron en un ambiente americano y hubiese sido más fácil para ellos aprender español creciendo entre los latinos. Cuando un sobrino vino de mi país a vivir con nosotros y no sabía nada de inglés, dentro de poco aprendió a comunicarse con otros chicos y como en ese tiempo por esos lugares no había hispanos, aprendió mucho más rápido cuando empezó a trabajar en el McDonald's del pueblo.

***

Muchos de ustedes tienen padres que todavía son jóvenes y tienen todo el mundo por delante. Cuando uno es joven, piensa que una persona, especialmente un padre, que ronda los 25 años ya es una persona vieja. Cuando lleguen a esa edad se darán cuenta que no es así. Pero ya puede ser muy tarde y habrán perdido la oportunidad de repagarles por la devoción y el amor incondicional que ellos les han brindado a ustedes.

Al llegar a una edad madura, rememore aquellos años cuando mi madre era aún joven y no parecía que tenía cuatro hijas sino cuatro hermanas. Nunca pensé en invitarla al cine, a la playa o de compras en vez de ir con mis amigas. Siempre buscábamos la compañía de otros sin pensar que teníamos nuestra mejor amiga, quizás muriéndose de aburrimiento y sintiéndose sola en la casa.

No éramos malas hijas sino jóvenes normales. Llegamos a cierta edad que nos creemos muy importantes y no queremos ser vistos en compañía de nuestros padres. Por eso pueda que perdamos la oportunidad de que aprendan inglés con nosotros porque también ya queremos hablar ese idioma sólo con otros que también lo hablen.

¡Vaya con la ignorancia!

***

4

La manera más fácil de aprender un idioma es conversándolo. No se preocupe por la manera en que lo hable. Siga intentándolo y escuche bien la pronunciación, recordando que el acento no se le quitara fácilmente, si es que algún día se le va, porque cuando se aprende un idioma después de cierta edad (alrededor de los doce años) ya la lengua está formada y tendría que ser re-entrenada.

El estudio del inglés es mejor en persona, con un profesor y/o en grupo para poder conversar entre sí. Practique en su casa, con sus hermanos, padres, sobrinos, etc., y no tenga miedo de hablarlo. Lo peor que puede pasar es que se rían de usted.

La verdad es que puede ser un poco chistoso, pero la risa que causa un acento extranjero normalmente no es maliciosa, es decir, no tiene la intención de hacerle sentir mal. Muchas veces es falta de sensibilidad. El reírnos de otros es un error que muchos cometemos sin darnos cuenta. Esa risa en realidad no tiene gran importancia y al final podrá ver que tampoco usted se la debe dar.

Muchos de nosotros hemos estudiado francés o italiano en la escuela como parte del currículo. Pero lo hemos olvidado al no tener la oportunidad de conversarlo, y podemos decir que ese fue un tiempo perdido.

Una vez que uno puede hablar inglés, los libros le ayudan a aprender gramática y así obtener un buen dominio del idioma. Después de todo, desde niños aprendemos primero a hablar el idioma y después asistimos a la escuela para aprender a leer y a escribir.

Dicen que a una persona analfabeta se le hace más fácil aprender un nuevo idioma. Así es que no saber leer ni escribir en ningún otro idioma, no importa la edad, no significa que sea imposible aprender un nuevo idioma.

***

Recuerde que cuando ya esté listo para solicitar su ciudadanía norteamericana, tendrá que estudiar las preguntas que le van a hacer en un examen en inglés. Muchas personas han aprobado el examen sin tener muchos conocimientos, pero quien sabe cómo será eso en el futuro. Las preguntas son acerca del gobierno americano, en el pasado o en el presente.

Recuerde que George Washington fue el primer presidente de los Estados Unidos, porque es casi seguro que se lo van a preguntar. Dice un chiste neoyorquino de una persona que supuestamente, cuando le preguntaron quien fue el primer presidente respondió "George Washington Bridge." ¡Por supuesto, no pudo ser el puente!

Esté listo también para saber el nombre del presidente actual, el alcalde del estado en el cual se está examinando, etc. También esté listo para pagar los $1,000.00 que se requieren al presentar la solicitud. Lo más probable es que esto cambiara en el futuro, pero dudo mucho que le cobren menos.

Nota: ¿Quieres aprender inglés y no sabes por dónde empezar? Nuevo artículo en GobiernoUSA.gov
 Aprende inglés y progresa
Hablar inglés y tener una educación secundaria y superior son dos factores esenciales para conseguir mejor empleo y lograr una buena calidad de vida para ti y tu familia. Según informes recientes del Departamento de Educación los hispanos de entre 25 y 34 años de edad con educación secundaria o equivalente ganan $5,200 anuales más que aquéllos que no terminaron la secundaria.
 La página de Artículos del Gobierno de 2009 (http://www.usa.gov/gobiernousa/MasNoticias/Articulos/2009 .shtml) ha sido actualizada. Lee el nuevo artículo **Aprende inglés y continúa tu educación** para encontrar recursos del Gobierno que te ayuden a lograr tus objetivos.
 http://www.usa.gov/gobiernousa/MasNoticias/Articulos/2009 0501.shtml

2

APRENDA LAS LEYES BÁSICAS

Los inmigrantes no somos los únicos que tenemos que aprender las leyes básicas de este país. Hay muchos ciudadanos americanos que tampoco las saben. La diferencia es que por algún motivo u otro, muchas veces a ellos se les hace más fácil desenvolverse cuando se encuentran en algún problema legal.

Por alguna razón, a los latinos, la mayoría de las veces, se nos considera culpables hasta que se compruebe nuestra inocencia. Lo cierto es que según las leyes un acusado tiene que ser considerado inocente hasta que se compruebe que es culpable.

Hoy en día sin embargo, la mentalidad de la mayoría de los jueces, fiscales, policías y hasta el público en general está un poco torcida y existe más interés en meter a la persona en la cárcel, como quien dice *por si acaso,* que tomar el riesgo de liberar a uno que sea culpable.

Claro, los afroamericanos tampoco se han librado de este *"privilegio".* Está claro que este problema se debe a la discriminación. Por eso es importante entender la situación en que se ha metido, porque las consecuencias podrían ser más grandes que lo que debería ser.

***

¿QUIERE SER CIUDADANO AMERICANO?

Una semana después del ataque terrorista del 11 de septiembre, fuimos a Florida para reunirnos con mi sobrina que, recién casada, estuvo al punto de enviudar porque su esposo fue uno de los que se encontraba en una de las torres gemelas. Como se pueden imaginar, todos estábamos llenos de ansiedad y el viaje fue un alivio y por lo menos nos sirvió como un desahogo porque escuchamos, de primera mano, todo por lo que él pasó cuando bajó desesperado las largas escaleras de la torre.

Hubo algunos momentos de risa cuando mi sobrino nos conto lo grande que se le abrieron los ojos mientras corría tratando de capturar y enterarse de lo que estaba pasando pero sin detenerse para averiguar.

Recuerdo el patriotismo que sentíamos por los Estados Unidos. Fue por eso que cuando regresábamos rumbo al norte íbamos cantando *God Bless América* (Dios bendiga a América) la cual es una de las canciones más patriotas de este país.

Me sentía como si estuviera volando en el aire; como si fuera el águila, la cual es reconocida como el ave nacional del país. De pronto escuchamos las sirenas de un policía que nos estaba parando para darnos una multa por exceso de velocidad, cortándome las alas y rebajando mis elevados pensamientos.

Me sentí incomoda y no muy patriota porque pensé que no nos merecíamos eso en ese momento tan emocional. A nadie le gusta ser multado. Sin embargo, a sabiendas que violamos la ley cuando corremos con exceso de velocidad, nos descuidamos y lo hacemos hasta sin darnos cuenta.

***

La ignorancia de la ley no constituye una defensa. Muchas personas piensan que si le explican al juez que no conocen la ley, o tienen algún impedimento del idioma, van a quedar libres de algún problema legal. Pero, la ley se aplica para todos. Hacerse el tonto no le ayudara en nada. Los jueces son más flexibles con una persona que por lo menos intenta hablar inglés.

Algunos jueces se molestan y hasta le llaman la atención a las personas diciéndoles que si están *"en este país deben de hablar el idioma"*. Así es que use cualquier conocimiento del idioma inglés que usted tenga y tal vez, así le vaya mejor.

Una vez en una corte una persona se presentó delante del juez con un intérprete, haciéndose al que no entendía muy bien el inglés. Cuando el juez le preguntó acerca de su nivel de educación, algo que él no se esperaba, confesó que había llegado hasta la universidad en este país. De milagro no fue a parar a la cárcel por mentiroso.

Yo he estado en la corte varias veces y he notado que se pierde mucho en la traducción. Quizás la manera que usted da una explicación suena diferente al ser traducida porque los latinoamericanos tenemos muchas maneras diferentes de expresarnos y de comunicar las cosas. Tenga en cuenta que el intérprete tal vez no tiene idea de lo que le está explicando y puede recurrir a hacer un simple resumen de su relato. Además, no se olvide que los jueces, los fiscales y los jurados tienen que tener la paciencia de esperar a que el intérprete les explique todo, o sea que escuchan de segunda mano su relato.

En este país hay una gran diversidad de leyes. No se las va a poder aprender todas puesto que ni los abogados se las saben. Pero sólo con aprender lo básico, sería de gran ayuda y una gran ventaja.

Sentí lastima por una señora que vi un día en la corte cuando la sentenciaban por haber huido del lugar de un accidente, sin llamar a las autoridades y pedir ayuda en caso que haya causado daños. Contrario a lo que se pueda hacer en América Latina, aquí es un deber quedarse en la escena hasta que lleguen las autoridades. Al parecer, la señora atropelló a un hombre que iba caminando por la carretera.

Según su explicación, la cual fue por medio de un intérprete porque no hablaba inglés, ella pensó que una rama de un árbol le había pegado al auto. Pero, al decirle al juez que cuando llegó a su casa, pidió a su hijo que buscara por el Internet si existía alguna información acerca del accidente, el juez respondió, que si ella pensó que fue una rama, ¿porque estaba buscando tal información?

Al juez darle una sentencia de un año, el abogado trató de conseguir que se la rebajara, ya que ella estaba en el país por más de veinticinco años y nunca había tenido problemas con la ley. Pero por ser indocumentada, sería deportada a su país al cumplir la sentencia, a lo cual el juez contesto: ¿Por qué razón tengo yo que preocuparme por eso?

El vivir más de veinte años en este país y no hablar inglés, y no saber que es un delito no pararse al tener un accidente, además de estar indocumentado, es un buen ejemplo de alguien que no supo aprovechar su estadía en este país.

***

Muchas personas son acusadas de violar la ley por cometer delitos que obviamente lo son. Pero en algunos casos, pasan cosas por no usar el sentido común. Deberíamos saber que un animal sufre tanto como un ser humano, sin importar de qué país venimos... Aquí se toma muy en serio esto y es suficiente para una acusación criminal.

Los tiempos de cazar aves, ardillas o cualquier otro animal con una honda, o de cualquier otra manera, hace mucho que pasaron a la historia.

Un ejemplo es la ley en el estado de Florida. Si lo pescan maltratando a un animal o intencionalmente causándole la muerte, le acusarán de tratos crueles a un animal, lo pueden encarcelar, multar y/o someter a un examen psicológico, dependiendo de la gravedad del caso.

(Recuerde consultar con un abogado y no tomar esto como un consejo legal.)

***

Si le gusta pescar, no lo haga sin averiguar también las reglas porque hasta eso no se puede hacer sin tener un permiso. Me contó una persona de un amigo que fue de paseo al estado de West Virginia, donde se encuentran ríos que nos traen recuerdos de nuestros países. Él se fue ahí preparado para pescar porque había notado que algunos lo hacían. Un policía se le acercó y le pidió su licencia. Al ignorar la ley, le mostró su licencia de conducir, lo que exaspero y encolerizo al policía quien pensó que el señor trataba de pasarse de listo. Por supuesto, este señor se encontró entonces en un lío legal y fue arrestado y citado a la corte en un estado desconocido para él.

***

En mi experiencia como asistente legal he visto varios casos en los que está claro que el acusado es una persona humilde y sin intenciones criminales. Por ejemplo, muchas personas arrestadas no usan su derecho de mantener silencio. En este caso lo que puede suceder es que cuando el abogado plantea la defensa, podemos decir que ya tiene las manos atadas.

El problema es que si usted trata de explicar al oficial el porqué no es culpable, podría decir algo que sea mal interpretado. Cuando viene a ver, está metido de cabeza en la cárcel y consideran que usted ya ha confesado. Es por eso que lo más importante para aprender es que la ley le da el derecho a usted de mantenerse en silencio cuando un oficial lo esté interrogando, avisándole que lo hará en presencia de un abogado. Claro que usted puede dar su nombre y dirección, si le preguntan.

Muchos oficiales usan trucos que les ayudan a obligar a la persona a hablar. Un ejemplo es cuando le dicen que solo están preguntando y que no está arrestado; que no tenga miedo porque ellos sólo quieren ayudarle. Al escuchar esto, el sospechoso comienza a relatar todo y ya cuando termina de hacerlo entonces le ponen las esposas y le dicen que tiene el derecho de mantener silencio.

Esto lo hacen porque si la persona habla antes de que le pongan las esposas, se considera que es un relato voluntario. Ciertamente lo es, pero suponiendo que estén investigando un asesinato y por casualidad usted se encontró en ese lugar, sin tener ningún conocimiento de lo que estaba ocurriendo, naturalmente cuando le pregunten dónde se encontraba, su repuesta lo colocaría en la escena del crimen.

El reporte policiaco, según las interrogaciones que le habrán hecho, pueda que solo indique que usted confesó haber estado en el lugar, sin tomar en consideración cualquier otra cosa que sea favorable o que indique que usted no tuvo nada que ver con lo ocurrido. Esto causa que su defensa sea más difícil.

Al contrario, si su abogado está presente, él asegura que su respuesta no sea relatada de una manera que sea más conveniente para las autoridades o inconveniente para usted.

No es mi intención lograr que los criminales se escapen sin su merecido, más bien quiero evitar que los inocentes sean atrapados con estas artimañas, como les ha sucedido a muchos que inclusive los han condenado a la silla eléctrica, por haber cometido tal error. Los criminales ya saben cómo protegerse de las leyes y no necesitan que yo les diga cómo hacerlo.

Para la mayoría de los clientes con quienes tratamos es difícil comprender todas estas cosas. Por eso es que los abogados defensores siempre aconsejan que lo importante sea consultar con ellos primero, y que si van a ser entrevistados por un oficial de la policía, que sea en su presencia.

***

A pesar de que los tiempos han cambiado y muchos más hispanos están al día sobre los derechos fundamentales de este país, aún existen aquellos que acuden a *notarios públicos* en vez de a un abogado.

Por eso no está de más plantear este tema y advertirles que en este país hay mucha diferencia entre un abogado y un notario. Aquí cualquier persona que es ciudadana y de buen carácter califica para notario público, no importa la educación que tenga.

Uno de los terroristas del 11 de septiembre consiguió su licencia de conducir, sin ser legal, por medio de una de estas personas. El departamento de vehículos motorizados o de transito del estado de Virginia se inventó un formulario que tiene que ser firmado por una persona afirmando conocer al suscribiente. El objetivo era que fuese firmado por el abogado de confianza de esa persona, quien por supuesto podría verificar el nombre y dirección, o su pastor quien ellos esperaban que no mentiría.

Con tal formulario obtenían sus licencias de conducir o por los menos una tarjeta de identidad para los ilegales. Como todos los oportunistas, hubo varios abogados, notarios públicos y quien sabe quienes más, que se aprovecharon para sacarle dinero a esa nueva regla.

Nuestra oficina nunca quiso formar parte de esto y el abogado principal les explicaba a las personas que acudían con sus formularios en mano para que se lo firmara, que él no firmaría ese formulario por nadie porque él no podía verificar, con certeza, quienes eran y que algún día eso iba a traer un gran problema.

Algunos se enfadaban sin pensar que el abogado estaba dejando pasar la oportunidad de ganarse el dinero que estaban cobrando los que no tenían la ética para rehusarse. Nunca nos pudimos imaginar cuales serian las consecuencias.

Recuerdo cuando se presentaron tres hombres del medio oriente preguntando si podíamos llenarles el formulario. Eran altos y delgados y me impresionaron con su presencia. Siempre digo que no dudo si ellos formaban parte de los terroristas que participaron en los ataques del 11 de septiembre, porque cuando supe que los terroristas estuvieron por estos lados llenando ese formulario, de inmediato pensé en ese día que por alguna razón sus presencias me izo sentir un poco rara.

El notario público que por casualidad le firmo el formulario a uno de los terroristas, fue deportado después de estar encarcelado, quizás por estarse haciendo pasar por abogado o quizás porque no tenía documentos.

***

Para ser abogado hay que estudiar en la universidad y después tiene uno que ser admitido en una facultad de derecho. Sólo una cantidad de solicitantes es aceptada para obtener ese privilegio. Después de ser aceptado y de haberse graduado, tiene que tomar un examen para obtener su licencia para practicar en cada estado en el cual quiera ejercer. Esto no es tan fácil de lograr, especialmente para la minoría. Sin embargo, muchos confían más en un notario público que en un abogado, y le pagan fácilmente por cualquier servicio que ellos presten.

Otra diferencia es que los notarios no son profesionales, pero sí son mejores vendedores. Esos notarios también se arriesgan porque no tienen nada que perder. Un abogado pierde su licencia muy fácilmente si no cumple o si defrauda al cliente, cosa que él no va a arriesgar puesto que el estudio legal cuesta tiempo y dinero. Solamente para lograr obtener su diploma un abogado tiene que gastar aproximadamente $80,000.00.

No-solo eso, los estudios continúan para ellos por los continuos cambios en la ley que obligan a muchos a mantenerse al día, pagando matriculas para cursillos año tras año. Todo esto para tener el conocimiento de proteger los derechos de sus prospectivos clientes, los cuales, en su mayoría, no son muy agradecidos.

***

Debe darle mucha importancia a las reglas del departamento de vehículos motorizados del estado donde vaya a conducir un vehículo. La licencia de conducir es un privilegio que se le otorga, y no un derecho. Es un permiso que puede ser revocado. Sepa cuáles son las infracciones que le puedan causar la pérdida de su licencia.

No me explico cómo muchas personas han sacado licencia sin saber ni siquiera leer los letreros, rótulos o avisos. Esto no solo los pone a ellos en peligro, sino que esta gente, al no saber leer un letrero, pone al público en general en peligro.

Recuerde que la cortesía entre conductores puede evitar muchos accidentes y/o contribuir a la fluidez y movimiento del tráfico. Por ejemplo, se suele ceder el paso al primer conductor que llegue al letrero de "pare" (Stop! En inglés), o sea al cruce. El flujo del tráfico es eficiente si los conductores se turnan. Es decir hay que tomar en cuenta quien está en el cruce cuando usted se acerque y seguir cuando sea su turno.

Una regla importante que aparentemente muchos no saben es que los conductores de vehículos que suelen manejar más despacio, o necesitan hacerlo por algún motivo, deben mantenerse en el carril derecho.

Está prohibido manejar en el New Jersey Turnpike, por ejemplo, en el carril izquierdo. Solo se debe usar para rebasar otro vehículo y luego uno debe retornar al carril derecho. ¡Todavía recuerdo la cara del policía que nos multó por eso!

Normalmente, los autos que van a altas velocidades usan el carril izquierdo sea donde sea. Además, hay que mantener la velocidad mínima porque también lo pueden multar por ir muy despacio.

* * *

No sé si en todas partes de los Estados Unidos exigen seguro de vehículos. Pero es muy peligroso no tener esa protección. Aunque muchas personas se salen con la suya y si tienen un accidente no les afecta mucho. Hay algunos que han perdido sus licencias por mucho tiempo y solo la consiguen cuando pagan el monto que adeudan porque no tienen el dinero para pagar por los daños causados. Si al accidentarse con una persona le causan daños personales y no tienen seguro, es posible que estas personas sean demandadas o juzgadas en una corte civil.

He conocido casos en los que averiguan porqué les han suspendido la licencia. Al revisar el reporte del departamento de vehículos motorizados, notamos que han sido demandados en la corte civil por cantidades de hasta $30,000.00 o más. Ellos recibieron avisos para que se presentaran a la corte pero aparentemente los ignoraron. Entonces el demandante gana el caso porque no hubo ninguna oposición y así puede pedir la suspensión de la licencia hasta que le paguen. Es mejor ponerle atención a este asunto si se ve en esta situación, y pedir el consejo de un abogado de inmediato, si no quiere endeudarse de esa manera.

Otra razón por la cual una persona sea responsable de algún accidente aún teniendo cobertura, es en aquellos casos en los que prestan sus autos a otra persona, la cual está involucrada en un accidente. Al comunicarse con la compañía de seguros piensan que les conviene negar que la persona tuviese permiso para conducir el auto.

Algunos dicen que la persona tomó las llaves de la mesa sin preguntar. Tenga cuidado con esto porque puede estarse haciendo un gran daño. Una persona tiene derecho de permitir que otro conduzca su auto. Pero, se debe siempre leer la póliza de seguros para asegurarse de que no haya ninguna exclusión. Es decir, que no indique específicamente que no puede hacerlo.

De todas maneras, si el seguro piensa que la persona tomó el auto sin permiso, o si fue robado, pueda que no le pague por su auto, por los daños causado por su auto o por daños personales.

Otro asunto referente a vehículos que vale la pena mencionar es la diferencia que existe entre la manera en que los seguros están respondiendo a nuestros reclamos en caso de accidentes, comparado con años anteriores. El sistema cambió mucho por culpa de los que esperaban tener un choque con otro motorista para aprovechar la oportunidad de tratar de hacerse ricos.

Recuerdo un caso en el que un autobús se accidentó con dos o tres pasajeros. Sin embargo, cuando llegó la policía a investigar y la ambulancia a recoger a los que pudiesen estar heridos, no había suficientes ambulancias para llevarse a los pasajeros que aparecieron reclamando que se habían lastimado. Al parecer muchos peatones decidieron hacerse pasar por pasajeros del autobús.

La situación siguió empeorando por casos similares. Todos esperábamos el día en que alguien nos topara por detrás para recuperar dinero del seguro y llegó a convertirse en un negocio que hizo rico a muchos. Los abogados, médicos y demás también fueron beneficiados. Pero con el tiempo y poco a poco, las cosas cambiaron y ya no es tan fácil hacer esto.

Así como nosotros estábamos fuera de control, hoy en día las compañías de seguros son las que están fuera de control. El costo de tener cobertura es más alto y el servicio más bajo. Los aprovechadores también son las compañías de seguros y pobre de los que no pueden encontrar el respaldo de un abogado que lo ayude a luchar por sus derechos, porque aparenta que no hay a donde recurrir o pedir auxilio. Las compañías de seguro se agarran de cualquier excusa para no pagar algún reclamo y hasta se les está haciendo más fácil ganar los casos en la corte, que yo sepa. No comprendo por qué se nos exige tener seguro porque en algunos casos, no nos está valiendo de nada.

No podemos echarle toda la culpa a las compañías de seguros porque la gente re-inventa y siempre encuentra otra manera de darle la vuelta a todo. Muchos se aprovechan y mienten al reportar un accidente porque saben que el agente no está interesado en pagarle por los daños a la otra persona. Se inventan cualquier historia para quedar como que ellos fueron la víctima y no el otro.

Hay quienes también se ofrecen para solucionar todo entre los conductores sin involucrar al seguro, pero después terminan llamando a la compañía, echándole la culpa al otro. Antes no sucedía eso porque cuando había algún desacuerdo o, mejor dicho, diferencia en los relatos, el seguro investigaba antes de tomar la decisión de pagar. Hoy en día no hay tal interés y el problema es que muchas veces los servicios de un abogado para defender el caso pueden ser más costosos que el valor que pueda tener el auto o los daños personales sostenidos.

Algunas personas también compran el seguro más barato que la ley permite. Es por eso que se pueden encontrar endeudados aún cuando el seguro pague, porque si los daños causados son más que la cobertura, la victima puede obtener su pago a través de la corte. Aunque también pueda que se le haga difícil recuperar los gastos después de incurrirlos si la persona no tiene los recursos.

Una vez me contaron de una persona que cruzó la frontera de México para los Estados Unidos pasando una de las peores situaciones que alguien puede pasar, salvándose de milagro. Esa persona soñaba con el día en que tuviera la fortuna de tener un accidente de auto para hacerse rico y regresar a su país.

Llegó el día en que sus deseos le fueron concedidos. Una vez viajando con un amigo como pasajero se accidentaron y él quedó casi paralítico.

El amigo que iba conduciendo se durmió y naturalmente, perdió el control causando un gran accidente. El seguro era de solamente $25,000.00 y nada más. Esa suma no cubrió ni los gastos del hospital, el tiempo de su recuperación y también se quedó sin trabajo. Para poder recuperar más de esa cantidad, tendría que demandar a su amigo, porque él fue el responsable del accidente. Pero éste fue la única persona con el que pudo contar durante su convalecencia. Él, como muchos, nunca pensó que había un límite en la cantidad que un seguro paga. Pero esa es una realidad, la cual todos debemos enterarnos.

Hay una frase que escucho mucho, "me tienen que pagar como nuevo". Refiriéndose a que si están cruzando la calle y un auto los arroya, recibirán muchas recompensas. Pero, no es tan fácil como creen porque los accidentes entre autos y peatones son usualmente culpa del peatón. En tal caso, no van a recuperar nada.

Puede haber muchos motivos por los cuales una persona caminando por la calle causa un accidente. Por ejemplo, cruzar sin asegurarse de que no haya peligro, perdiendo el balance porque está caminando sumamente intoxicado por el alcohol y cruzar por donde no hay un cruce de peatones indicado. No obstante vale la pena primero consultar al abogado antes de hablar con algún representante de la compañía de seguros o el conductor del vehículo.

***

La primera vez que escuche la frase "ladrón que roba a ladrón, tiene cien años de perdón" fue en una película cómica. El ladrón es un ladrón, sea cual sea las circunstancias que rodean su robo, y no existe ninguna excusa para robar. Robar a los ricos para dar a los pobres solo se lo toleraron a Robin Hood porque él es sólo una leyenda y su relato no es más que un cuento de hadas.

Aquellos que se encuentran en compañía de uno que esté robando, o haya robado, y lo agarran con la evidencia, serán considerados tan culpable como el que cometió el acto. No se rodee ni se junte con personas que andan haciendo semejantes cosas, porque podría ser encontrado culpable del acto de robar "por asociación". Es decir, se lo considerara un cómplice del robo.

Una persona me contó como ella estaba sin dinero para darle de comer a sus hijos. Entró al supermercado y le pidió al encargado que le fiara un pedazo de carne porque no tenía con que pagar y le explicó su situación. El señor le dio la carne y le dijo que no era necesario que se lo pagara.

En este país hay muchas personas buenas y comprensivas. Antes de robar por necesidad, trate de encontrar la manera de conseguir lo que necesite a las buenas. Hay muchos ricos que son bondadosos.

Un día en la ciudad de Washington, D.C., noté que una señora de un auto lujoso y con su abrigo de mink se desmontó con unos platos de comidas, dándolo a los que estaban en la calle por no tener donde vivir. Era la temporada de *Thanksgiving*[1] y las calles estaban desoladas con sólo la presencia de algunos autos que como nosotros, nos paseábamos por la ciudad.

---

[1] Día de Acción de Gracias en los Estados Unidos. Celebrado en el mes de Noviembre.

***

A los que compran artículos robados también se les considera tan culpables como el que se los roba. Tenga cuidado con esto porque muchos se encuentran en la cárcel por pensar que no están cometiendo un delito al comprar artículos robados.

Además, si los ladrones no encuentran clientes, igual que los vendedores de drogas, no tendrán la incentiva para cometer el crimen. Piense en esto cuando esté comprando sin saber quién es la persona, de donde proviene la mercancía o si sospecha que esta mercancía puede ser robada.

También si anda en un carro robado, aunque no tenga conocimiento que es robado, pueda ser que se encuentre involucrado. Es difícil para las autoridades determinar quien está diciendo la verdad y quien está mintiendo, porque los verdaderos criminales nunca se hacen responsables. En muchos casos, el pasajero acusado del crimen de andar con mercancías robadas en el auto, niega haber participado del crimen. Sin embargo, las huellas digitales que encuentran en algunos de los artículos dicen algo diferente. Es por eso que los policías no van a creer que él es simplemente un pasajero inocente.

Un chiste de un campesino acusado de haberse robado un cerdo nos da una idea de este tipo de razonamiento. Basado en las explicaciones y la declaración de inocente que ofreció el campesino; negándose tener conocimiento alguno, y de nunca haber visto tal cerdo, el juez lo despacha diciéndole, *creo en lo que me estás diciendo y te declaro no culpable*. A lo que el campesino contesto: *¿Entonces, quiere decir que me puedo quedar con el cerdo?*

Los abogados defensores no siempre saben la verdad porque los clientes también les mienten. Un abogado tenía una señora mayor de edad como cliente, que según contaba, le recordaba a su abuelita y sentía mucha pena por la acusación de robo que pesaba sobre ella. Ella muy dulce, bien vestida y sin ninguna apariencia criminal, se presentó con él delante del juez después de haber negociado con el fiscal para que no le dieran ningún tiempo en la cárcel y para que dejaran ir a la pobre abuelita que él pensaba que alguien estaba acusando erróneamente. Al dejar la presencia del juez, se acercó la *abuelita* al abogado y le susurro al oído: *Parece que el juez no se llego a enterar de mi pasado criminal.*

***

Las leyes son cada día más complicadas y más complejas de lo que deberían ser. Recuerde, el abogado va a saber más de estos asuntos y de las leyes. Por más que piense que usted posee grandes conocimientos, no crea que va a poder defenderse en la corte y normalmente le conviene ser franco con él. Lo importante es decir la verdad porque las mentiras casi siempre se descubren.

3

CONOZCA SUS DERECHOS

Las opiniones que expreso no deben ser tomadas como un consejo legal. Sólo un abogado puede aconsejarle; yo no lo soy. El consejo dependerá de cada caso individual, porque todos los casos son diferentes sin importar que sea el mismo delito. Además, las leyes varían de estado a estado y lo que se aplica en uno, no se aplica en otro necesariamente.

El mantener silencio es uno de los derechos constitucionales de los Estados Unidos. Es decir, la constitución de este país otorga a todos este derecho. Hay otras leyes diseñadas para proteger al público, y hay una buena razón para eso.

***

Si un oficial toca su puerta, usted no tiene que darle permiso para entrar. Antes que nada, él tiene que pedirle permiso a usted para entrar y usted debe voluntariamente darle permiso para entrar o el debe tener algún tipo de orden que haya sido ejecutada por un juez o magistrado. Cuídese de no exasperar o encolerizar al oficial para no causar más problemas. Si él entra a la fuerza, él puede estar violando sus derechos humanos y su abogado sabrá lo que se debe hacer en esos casos. He notado que en este país también existen decisiones políticamente motivadas

CONOZCA SUS DERECHOS

(lo que nosotros vulgarmente llamamos "decisiones políticas") y que no todos los oficiales dicen la verdad.

También el sistema legal se ha ido deteriorando poco a poco. Supe de un caso en el cual una pareja estaba discutiendo fuera del edificio donde residían. Un vecino llamó a la policía y cuando llegaron, la pareja se encontraba dentro del apartamento, el cual estaba en el primer piso y daba hacia la calle. El resto de la familia no había prestado atención a la discusión porque no era nada grave. Al llegar la policía, uno tocó la puerta y pidió que saliera el que estaba discutiendo. Éste se negó y el policía entró a la fuerza.

Entonces llegó otro policía y sin preguntar, empezó a golpear a los que estaban a su paso. Muebles y lámparas quedaron destruidos. La madre rompió la mesa de centro con su cuerpo, según la estrellaron. El hermanito de doce años fue levantado por la garganta y aterrorizado. Al que discutió con su esposa le partieron la cabeza cuando trató de preguntar qué pasaba, y además lo sacaron afuera donde los policías se turnaron para acabar a patadas con él. Se lo llevaron preso después de llevarlo al hospital.

Cuando la familia acudió donde el abogado al día siguiente, se enteraron de las acusaciones que los policías habían hecho contra el que discutía con su esposa: intento de asesinato a uno de los policías y también culpaban al resto de la familia de atacarlos. Pero como ellos entraron sin ningún permiso al apartamento, perdieron el caso y la persona quedó libre. Claro, esto no siempre funciona porque en algunas situaciones, ellos sí pueden entrar.

***

Si es declarado culpable de algún delito en la corte y usted es inocente, puede apelar su caso. Esto le da la oportunidad a usted de que otro juez escuche su caso y tome otra decisión, la cual puede ser a su favor y su caso quedaría anulado. O la decisión podría ser la misma pero la sentencia podría mejorar o empeorar. En todo caso, escuche los consejos de su abogado.

En la corte del circuito, en el estado de Virginia, por ejemplo, donde se deciden los casos más serios de ese estado, la apelación no es un procedimiento tan fácil. El veredicto pudo haber sido dado por un jurado o un juez.

El jurado consiste de seis o doce personas los cuales son escogidos del público americano-ya cuando usted lo sea, también tomara parte en esto. La reacción de la persona, cuando pierde su caso, es querer apelar porque sabe que no es culpable. El problema es que el abogado, previamente tiene que solicitar el derecho de apelar. Si se lo dan, éste tiene que basarse en lo que sucedió en el juicio, por ejemplo, si hubo algún fallo, ya sea de parte del juez, el fiscal o su propio abogado defensor.

Estas apelaciones de la corte del circuito también son difíciles de ganar y por eso muchas personas inocentes han ido a la silla eléctrica, o están pasando largo tiempo encarcelados. Ni mencionar el gasto necesario que esto conlleva y que la mayoría suele no poder pagar. Por menos que cobre el abogado, puede que el cliente todavía no esté en condición económica de pagar sus honorarios.

No todos los abogados están en la profesión para hacerse ricos, pero tampoco van a pagar los gastos incurridos en una defensa. Existen, por ejemplo, los gastos de las cortes, la correspondencia y el escribano o transcriptor del tribunal. Al transcriptor se le paga porque es una persona que tiene la habilidad de transcribir, por escrito, toda la información de lo ocurrido durante el juicio oral. El abogado que está preparando la apelación necesita esta trascripción de los sucesos para estudiar este registro y así tratar de encontrar algo que le apunte a una posibilidad de apelar el caso.

Ya vemos que el trabajo de apelar no es fácil y hay que dedicarle varias horas. Es por eso que el costo es tremendo. No obstante, algunas personas creen que el abogado está cobrando solo para ganar. Los documentos necesarios para cada apelación no son baratos. Por supuesto, no hay garantía de que se va a encontrar algo en ellos que se pueda usar para apelar.

Así es que cuando acuda a un abogado, tenga esto en mente y no piense que le quiere estafar. Claro, ¡cuídese de aquellos que le cobran porque tienen que pagar por sus oficinas con pisos de mármol y ventanas con vista al mar! Porque usted tendrá que pagar por eso y puede ser que ellos no necesariamente tengan su interés en mente, sino el de cubrir el costo de este lujo. Muchas veces, muchos abogados cobran más por el renombre o prestigio que tienen. Como dicen, *Hazte de fama y échate en cama*.

Aunque la organización que administra y regula la profesión legal, The American Bar Association (el colegio de abogados de este país), trata de limitar la cantidad de abogados que ejercen en el país con varios requisitos, todavía hay demasiados abogados en el mercado. Esta competencia feroz causa que los precios bajen y sean más competitivos. Por los menos esto, que haya demasiados abogados, ha permitido que los pobres puedan tener la oportunidad de encontrar un buen abogado que no les cobre más de lo que se gana en un año por un caso bastante simple.

Hablando de los pobres, si por más consciente que sea el abogado con quien consulte y le rebaje su tarifa y aún así no pueda pagar sus honorarios, tiene la opción de solicitar que la corte le asigne un abogado. Muchas personas desconfían de esos abogados, pero yo les aseguro que es mejor presentarse con un abogado que presentarse a la corte sin ninguno, o tratar de representarse a sí mismo, que es lo peor que una persona puede hacer. Además, pienso que tanto como le puede tocar un abogado asignado por la corte que sea malo, también le puede tocar uno que sea bueno.

No crea que es un derecho que usted tiene, como todos piensan. La asignación depende de su estado financiero actual. Lo más probable es que tendrá que pagar por el servicio, aunque sea mínimo. Hay casos en que la persona usa un abogado de la corte teniendo dinero en una cuenta bancaria.

Una persona, por medio de su defensor público, pidió al juez que lo dejara libre y que él se entregue otro día a las autoridades para servir una pequeña sentencia, con el pretexto de ir a cambiar un certificado de depósito (lo que en inglés llamamos un "Certificate of Deposit" o "CD") que tenía en el banco y que estaba a punto de vencer. El juez se intereso en saber la cantidad que tenía esa persona en el banco, puesto que él había pedido que se le asigne un defensor público, supuestamente por no tener con que pagar. Esta persona le comunicó al juez que el certificado era más de $50,000.

No solo ordeno el juez que el señor comience a servir su sentencia de inmediato sino que le quitó el derecho a tener un defensor público y le ordeno a contratar un abogado privado. Además quedo acusado de perjurio, lo cual le causo pasar más tiempo en la cárcel.

Fíjese que en el formulario de solicitud, para pedir un abogado asignado por la corte, está jurando que no tiene los fondos necesarios para pagar uno privado. Si se descubre, como ha sucedido antes, que usted no es elegible, eso es un delito de perjurio porque usted juró en falso. Esto lo toman muy en serio y le puede significar pasar un buen tiempo en la cárcel.

Los aprovechadores nunca quieren cargar con sus culpas. A los abogados también se les presentan personas que lloran porque no pueden pagar lo que el abogado les cobra por una defensa decente, y después se enteran que esas personas tienen dinero en su país o en sus cuentas bancarias aquí.

Esa es una de las razones por las cuales los abogados suelen asegurarse su pago antes de empezar con un caso, es decir cobran cierto porcentaje de sus honorarios por adelantado, porque a la mayoría de personas les duele pagar a un abogado, aún necesitándolo y teniendo los fondos necesarios para cubrir estos gastos. El abogado también tiene que protegerse de esos mentirosos porque si hace el trabajo sin cobrar primero, después que los libra de la cárcel, de multas o de lo que sea, no le quieren pagar sus honorarios.

***

En estos últimos años las leyes de inmigración se han reescrito para facilitar la deportación de los inmigrantes, con o sin documentos y esto va de mal en peor. Muchos fueron deportados por problemas penales. Lo malo es que lo están haciendo sin compasión y aparentemente, en algunos casos, ni siquiera respetan los derechos humanos de los individuos. Algunos han perdido la vida tras haber sido deportados al mismo país del cual salieron huyendo por temor a sus vidas. Nadie ha pensado en los inocentes que no les valió la defensa y fueron declarados culpables injustamente.

Hubo un caso en el cual, según sus familiares, un chico fue acusado por un vecino americano de salir al pasillo del edificio amenazando con un cuchillo. Esta persona atestiguó, bajo juramento, que todo eso realmente ocurrió, pero dicen que él no quería saber nada de los hispanos y que se lo inventó todo. El chico fue deportado a su país el cual había implementado la regla de acabar con los deportados, o sea aniquilarlos. Fue encontrado muerto al día siguiente de haber llegado a su país de origen. Me imagino que hay muchos más casos similares y quizás hasta el departamento de inmigración esté enterado de todo esto, pero no le importa.

***

También el alcohol, en muchos casos, ha sido la causa de la deportación. Un americano puede cometer el error de manejar ebrio y por más serio que sea el caso, cumple su sentencia una sola vez. Sin embargo, el que no es ciudadano y hace lo mismo cumple dos sentencias. Cumple con la pena de cárcel que le toca por el delito y después es deportado, quizás a un país que es ya extraño para él.

Los abogados defensores trataron de luchar contra esta decisión de leyes, porque la consideran un *doble castigo*, pero la corte, por su deterioro en materia constitucional, no lo aceptó.

Además, la ley de conducir bajo la influencia está cada día peor y por muy buena razón porque ha habido varios accidentes de autos en que los conductores han causado la muerte de muchos inocentes.

Un problema es que los programas que existen supuestamente, para ayudar a las personas que no se pueden controlar porque realmente son alcohólicos y padecen de la enfermedad del alcoholismo, sólo sirven para quitarles dinero. Conozco pocos casos en los que la persona se haya rehabilitado. Al contrario, le han hecho la vida imposible por los gastos que le hacen incurrir, que no me sorprendería si los acercan más a la botella.

Por otra parte, estoy segura de que sí existen algunos de esos programas, quizás administrados por personas competentes y éticas, que den resultados. ¡Yo no puedo conocer todo los casos en un país tan grande y con tantos borrachos!

Otra causa de deportación es el abuso contra el cónyuge o los hijos. Olvídese del machismo que existe en su país. Aquí los hombres muestran lo que son con un buen comportamiento. Deben ser responsables y cargar con sus responsabilidades por más que sean onerosas o duras de cargar.

Los hijos no se disciplinan a golpes porque eso es un delito, y tampoco se tolera faltar el respeto a su mujer ni mucho menos golpearla. Muchos han sido deportados por ese motivo.

Además, cuídese porque muchas mujeres se están vengando. Recuerdo una vez una mujer que al día siguiente de haberla traído su esposo a este país, fue directamente a la policía a sentar una queja de asalto físico en contra de su esposo. Parece que ya lo había tramado, y me imagino, que con alguien aquí. El hombre quedó expulsado de su propia casa y sin dinero para defenderse en la corte, ya que se lo había gastado en el viaje para traerla. Al parecer él era muy malo con ella en su país. Muchas mujeres han aprendido muy bien a usar las leyes de este país a su favor, y también conocen sus derechos.

***

Las prisiones están llenas de hombres que se han encontrado en situaciones donde durante la intimidad la mujer decide seguirlo solo hasta un cierto punto, pero el hombre no quiere parar. Esto sucede hasta con la esposa. Si esa persona sienta una queja en la corte criminal, es muy fácil que ese hombre enfrente cargos penales de violación sexual. Hasta una prostituta le puede traer problemas porque sólo el violador será juzgado.

En otras épocas, cuando un hombre era acusado de atacar a una mujer, muchas veces lo declaraban inocente al hombre. Durante el juicio, el abogado defensor implícita o tácitamente echaba toda la culpa a la victima porque, según ellos, su modo de vestir o su comportamiento condujeron a su cliente a cometer el acto criminal. Sucedió más a menudo en el tiempo de las mini faldas.

El problema de las leyes es que suelen aplicar a todos sin excepción, y no discriminan de acuerdo al caso. Esto es un buen ejemplo del dicho "por uno pagan todos" o "justos pagan por pecadores", porque un esposo no está pensando que está violando a su esposa ni a una prostituta o a una mujer que voluntariamente decide acceder a sus deseos. Antes acusaban a los hombres de violación cuando atacaban a una mujer; llevándosela por la fuerza y ejerciendo un cierto nivel de violencia contra ella. Ahora las cosas han cambiado.

***

Los que mantienen amoríos con menores de edad también pueden encontrarse en esta situación. Al cumplir los 18 años, ya somos adultos, y la ley espera que la persona se porte y piense así. Muchos jóvenes de 18 ó 19 años han terminado en la cárcel porque aunque en realidad aún tienen la mentalidad de niños, la ley los juzga igual que a uno de 50 años. Es decir a esa edad, un joven todavía está tentado a desviar la mirada hacía una chica de 17 años, pero si hace algo más que mirar, la ley lo puede castigar con una condena no justificada. Así es que tengan cuidado y no se olviden de este consejo.

Hay que tener mucho cuidado en cómo tratar con un menor de edad. Es mejor mantenerse bien alejado para evitar grandes problemas. Algunos hombres o jovencitos piensan que al hacerse responsables de una menor de edad si la embaraza les va a favorecer, pero en los casos que yo he visto, las autoridades sólo están interesadas en condenar a la persona. He visto casos en que los jóvenes están dispuestos a casarse antes de que nazca el niño, pero los jueces y/o fiscales o procuradores les interesan sólo el momento presente y no el futuro de la criatura que va a nacer.

Un caso en particular, de un joven que fue deportado antes de que el caso terminara, ilustra este punto. Quizás para asegurarse de que no se fueran a casar porque en algunos casos, eso puede librar al acusado. Recuerden, sin embargo, que ésta es sólo mi humilde opinión y no es para tomarla como un modelo o ejemplo a seguir de cómo actúan todas las cortes del país.

**

Los hombres que alquilan habitaciones en casas de familia con jovencitas coquetas, deben tener un cuidado exquisito. Hay muchos en la cárcel por eso. Claro, algunos se lo merecen porque está claro que es un abuso, si hay una gran diferencia de edad y principalmente si es una niña de unos nueve años, como ha sucedido en varios casos.

Las mujeres también pueden ser culpables de violación de un menor si cometen esa falta y aunque estos casos son raros, también suceden.

**

Con relación a los menores, es importante asegurarse que sus hijos se comporten bien en el colegio y que tengan cuidado de las malas influencias. Da mucha pena el número de padres que reciben la sorpresa de saber que su hijo, o hija, forma parte de una pandilla. Me parece que esos chicos no saben en qué se están metiendo y cuando se dan cuenta en lo que están ya es muy tarde. Muchos han sido deportados a sus países y lo peor es que han estado aquí desde muy pequeños y todavía están indocumentados.

Aunque no sean deportados, es mucho más difícil conseguir trabajo o hasta inscribirse en la universidad, si tiene un historial malo. Además, cuando los que son delincuentes quieran tratar de componer sus vidas porque se han dado cuenta de que han cometido un error, ya puede ser muy tarde.

**

Los padres que han traído a sus hijitos aquí sin papeles, deben de instruirlos en esto, porque ellos crecen creyendo que son de aquí, e intocables, y en realidad no son ni de aquí ni de allá. Si están conscientes de su situación pueden tener problemas de ajuste social, que de seguro les afectará en su desarrollo y salud mental.

Una vez durante una investigación de un estudiante acusado por la escuela de cometer delitos, se ordeno al departamento de educación que entregara el registro estudiantil del estudiante para revisarlo, porque también lo acusaban de que era mal estudiante, que no había aprendido nada y que siempre causaba problemas a los maestros, según ellos. La sorpresa fue que al revisar se descubrió que el chico nunca había ido a la escuela antes de ingresar a los Estados Unidos. Fue víctima de las guerrillas y conflictos en su país lo cual se lo había impedido. Sin embargo, fue inscrito y colocado en la escuela en este país, en un grado adecuado para su edad. Podemos imaginar el predicamento en el cual se encontró el pobre chico.

Habían pasado ya algunos años antes que eso fuera descubierto y pienso que eventualmente aprendió a leer y escribir en inglés. Pero a un gran costo porque al comienzo tuvo que ser duro para él. Al estar sentado en el aula sin entender lo que le estaban diciendo y sin poder responder a las instrucciones y las expectativas de la maestra, por más que quisiera. Quien sabe cuál será su situación actual por causa de todo. Porque no hay duda de que eso tuvo algo que ver con la rebeldía que, según ellos, siempre mostró. Espero que se haya casado con una norteamericana o una residente permanente y conseguido su estado legal y ciudadanía antes de que este círculo vicioso en que actualmente nos encontramos con el departamento de inmigración empezara. De lo contrario, por causa de ese pasado del cual no se le podía culpar, puede ser que ya haya sido deportado.

Al cambiar las leyes inmigratorias, muchos quedaron expuestos a la expulsión de este país. Algunos habían cometido travesuras, que podemos decir de niños, varios años atrás, y no les valió de nada que desde entonces hubieran compuesto sus vidas.

***

Nunca se es muy joven para aprender a distinguir entre lo bueno y lo malo. Que sepan desde muy temprano acerca del peligro que corren, por ejemplo, si experimentan con drogas y/o si siguen los malos pasos de sus compañeros.

Recuerdo que cuando mi madre nos trajo a este país, al siguiente día nos habló del peligro de las drogas. En ese tiempo era una palabra que no se mencionaba en mi país. Un menor nunca escuchaba hablar de eso. Sólo supe de su existencia ese día, y ella me asustó tanto que siempre me aparté de personas que me parecían sospechosas. Nos dijo que los que usan drogas terminan siendo enviados a un lugar desde el cual no podrían ver jamás a sus padres y terminaran apartados de todo.

Nosotros hicimos igual con nuestros hijos y desde que tenían la edad de siete y nueve años, le empezamos a instruir no solamente sobre las drogas, sino del daño que causan los cigarrillos, porque éste es otro vicio que se puede evitar y que usualmente se comienza siendo joven.

Algunas veces pienso que se debe empezar esa instrucción hasta más temprano porque se han escuchado casos de niños introducidos a esas barbaridades desde una tierna edad.

***

Una madre supo que su hijo estaba acusado de participar en pandillas. Notó cuando él cambió mucho y ella siempre le preguntaba que le pasaba. Él ya no hablaba con ella y siempre estaba pensativo y parecía preocuparse por algo. Por más que le rogó que le contara lo que le ocurría, él nunca le confesó nada. Esto comenzó desde que él era mucho más joven.

Si ella se hubiese enterado de que él estaba en problemas, dijo ella, quizás lo pudiera haber librado de la cárcel. Se hubiera mudado lo más lejos posible porque estaba dispuesta hacer todo por su único hijo. Desgraciadamente, no lo iba a poder tener a su lado por diez años, lo cual fue la sentencia que le dieron a cumplir.

Aprendan a reconocer las señales que indican la posibilidad de que su hijo o hija esté en problemas. Ellos no siempre se unen a las pandillas voluntariamente. El uso de presión física o mental por parte de los pandilleros para que sus hijos se unan a una pandilla es mucho más frecuente de lo que usted se imagina.

Vi un programa televisivo sobre jóvenes drogadictos que han ingresado a clínicas o programas que les ayudan a deshacerse del hábito. Documentaron la vida de cuatro jóvenes que al final del programa hablaron del futuro que les esperaba y de lo que estaban pensando hacer para empezar una vida nueva. Uno de ellos dijo que ya no buscaría más a aquellos amigos que él mismo reconoce fueron una mala influencia en su vida.

Pero el otro dijo que el sí buscaría a sus amigos porque él tenía que ser responsable de sus actos y los amigos pueden seguir con sus drogas sin que él tenga que seguirles los pasos. Al escuchar esto, pensé que el primero estaba listo para enfrentar el mundo más que el segundo. El primero, ciertamente estaba yendo por mejor camino.

Al final del programa, se nos proporciono las últimas noticias de cada uno de ellos y así me entere que el que se junto de nuevo con sus malos amigos había muerto en un accidente de auto. Él había estado un mes fuera del programa y no se había

33

drogado. Sin embargo, el accidente fue causado por el amigo que estaba manejando el auto bajo la influencia de las drogas.

Estoy consciente de que ya no es solo este país el que está contaminado con las drogas. La epidemia ha contagiado a todas partes del mundo, especialmente Latinoamérica y el Caribe, donde los criminales han encontrado el cielo abierto. Pero, este país es más grande y eso lo hace más difícil para que los padres se den cuenta de lo que está pasando con sus hijos.

***

Los jóvenes normalmente no se preocupan por aprender las leyes y quizás hasta ni piensan en ellas. En algunos casos, a los menores los están juzgando como adultos, y la ley que obligaba a mantener en secreto el pasado juvenil delictivo puede que ya no se aplique.

Este cambio fue necesario porque los vendedores de drogas, más que nadie, usaban a los menores para cometer sus crímenes y así quedar limpios e intocables por la ley. También los convertían en drogadictos para poderlos manipular fácilmente. Esta práctica pueda ser que continúe porque son unos abusadores que no piensan en la destrucción total de una vida.

***

La cárcel no es nada buena y parece que algunos se olvidan de eso al lograr su libertad. No puedo creer la cantidad de personas que cometen delitos después de haber jurado no hacerlo. Cuando se encuentran detenidos porque están sirviendo sentencia, piensan que todavía tienen todo los derechos que este país brinda al ciudadano ideal. Quizás pueda que tengan *derechos humanos.* Aun así, no hay seguridad.

En una cárcel de Maryland, detuvieron a un hombre por sospecha de asesinato a un policía en la carretera. Lo tenían en una celda solitaria y al otro día lo encontraron estrangulado. El caso sigue en investigación y obviamente alguien violó los derechos humanos de ese prisionero.

También es posible que se pierda el derecho de votar, después de haber estado encarcelado, porque ya no se lo considerado igual que los otros ciudadanos.

***

Trate de aprenderse las leyes específicas del estado donde resida. Todos tenemos derecho a caminar por las calles pero, por ejemplo, usualmente no se tolera que los hagamos borrachos (algunos decimos: Bolo, estado de embriaguez, intoxicado o mareado.) Caminar por la calle en estado de embriaguez, orinar en público o escupir en la calle, son algunas actividades penadas por ciertas leyes estatales y usted debe averiguar si esto se aplica dónde vive, porque usualmente puede ser multado si incurre en estas actividades.

¡Creo que todos conocemos la prohibición legal de botar basura en la calle!

SEA TRABAJADOR Y APROVECHE BIEN EL TIEMPO

Conseguir trabajo aquí no es tan fácil como lo era antes. No estaría mal comunicarle a los que quizás podrían estar leyendo este libro con la esperanza de ingresar al país, que vengan bien preparados para no encontrarse en una situación económica peor de la que dejaron atrás en sus países.

Cuando movimos nuestra oficina a otra más cercana, no vimos la necesidad de contratar una compañía de mudanzas porque se nos hizo fácil hacerlo nosotros mismos. Fuimos a alquilar el camión de mudanzas y notamos que había hombres esperando a que alguien los contratara para ayudar en las mudanzas. Se nos acercó uno de ellos pero le comunicamos que no necesitábamos ayuda. El señor siguió el camión que dirigimos a la oficina porque estaba cerca. Entonces insistió en ayudar con tal de que le diéramos una pequeña propina porque no había comido. Al terminar, se le regalaron $40.00 y se fue muy contento. A la media hora regresó, deseando seguir ayudando porque notó que todavía teníamos cosas que hacer y el ya había comido, y le habíamos pagado más de lo necesario.

Este señor representa a alguien que de verdad quiere trabajar. Según él, pagó unos $7,000.00 para ingresar a los Estados Unidos y no había podido conseguir empleo desde entonces. Cada vez que pasamos por el almacén de alquiler de camiones de mudanza vemos a este señor, junto otros, esperando que alguien los necesite y les dé la oportunidad de ganarse algo de dinero.

Otro día, en la tienda de Home Depot, estábamos comprando una latita de pintura para recubrir sólo un pequeño daño en una puerta, se nos acercó un joven ofreciendo sus servicios de pintor. Con lástima le respondimos que lo que se tenía que hacer era algo muy insignificante y no requería la contratación de un pintor.

Así es que están las cosas por aquí y hay que pensar mucho en lo que va a hacer antes de pagar tanto dinero para venir a estar peor que en su país, y lejos de su familia.

Estas personas también son vulnerables y suelen ser víctimas de aquellos que reclutan vendedores de drogas o que los ponen a robar para ellos.

Según me contó una persona, cuando él llegó a este país sin tener ningún familiar, se encontró con un amigo que le ayudó bastante. Lo llevó a las tiendas y le compró ropa y comida y lo trató como un rey. Después le anunció que ya era tiempo de que le pague y la manera de hacerlo era robando mercancías en las tiendas para venderla. Hasta lo llevaban a otros estados recorriendo tiendas, acumulando las mercancías en el hotel donde se hospedaban.

Cuídese de no caer en eso, porque tarde o temprano se arrepentirá. No sé si todavía existe esta práctica, pero muchos de ellos fueron deportados al ser capturados. Aun así, el crimen no ha cesado en este país porque siempre se inventan algo diferente o re-inventan la misma cosa.

Esto me recuerda a un chico que fue detenido por robo y me dijo que al reflexionar pensó en todo lo que pasó para cruzar la frontera. Aún teniendo mucha hambre, nunca le pasó por la mente robar. Se había dado cuenta que esa no era la vida que había venido a buscar y se sentía avergonzado.

***

En el estado donde yo vivo, y quizás en otros más, existen algunos lugares en que los inmigrantes (la mayoría indocumentada) se reúnen bien temprano en la mañana con la esperanza de encontrar trabajo. Los pobres se pasan horas esperando. Noté que todavía les quedan ganas de reír. Aparentemente se ven muy contentos. Pero sé que es una vida muy dura, la cual ellos aceptan.

Un día me encontré con tres de ellos en la parada del autobús. Se estaban riendo porque aparentemente habían entrado a comprar un chocolate caliente, al ser un día muy frío. Mientras tanto, vino un camión y se llevó al grupo a trabajar, dejándolos atrás. A ellos les causó risa lo caro que les salió el chocolate.

A mí me dio lástima, porque yo sé lo que le cuesta conseguir trabajo, y al mismo tiempo me motivo para sentirme cada día más afortunada y cuando algo me va mal, pienso en ellos y me acuerdo de lo afortunada que soy al no tener que estar en esa situación. La triste realidad es que muchos también son engañados. Los contratistas los recogen con promesas de pagarles bien. Los usan por dos o tres semanas, y no les pagan.

Algunos consiguen buen trabajo, pero es raro. Sin embargo, esas personas siguen en este país en busca de su paraíso (a pesar de que ya hasta eso se les está haciendo difícil porque ya no quieren que nadie de empleo a los indocumentados.)

Cuando mis hijos estaban pequeños, nunca vi una multitud de desempleados reunidos en la calle esperando que les caiga un trabajo. Yo los hubiera llevado a ver ese cuadro para que supieran que su vida era mucho más fácil de lo que ellos pensaban. Gracias a Dios ellos se formaron bien, y ya son abogados.

Creo que muchos padres deben llevar a sus hijos jóvenes a ver semejante espectáculo, para que sepan la suerte que ellos tienen de ser mantenidos por sus padres, muchos de los cuales trabajan en condiciones nada fáciles.

Mucha juventud ha venido aquí, y aún sin tener sus documentos en orden, piensan que son intocables. Hay muchos que no piensan en trabajar para ayudar a sus padres, que trabajan día y noche. Muchos de esos jóvenes son deportados de este país, algunos son expulsados de las escuelas y al final, terminan haciendo de sus vidas un desastre, y todo porque decidieron seguir los pasos de los "mari guaneros", los cocainómanos, los drogadictos, los indeseables, etc. Los esfuerzos de sus padres fueron en vano.

***

En la década de los sesentas, cuando vivía en la ciudad de Nueva York, todo era muy diferente en cuanto a las relaciones entre extraños, aunque ya las cosas estaban cambiando. Aparentemente, nadie conocía a sus vecinos. Nadie miraba a su alrededor. Aun así, la gente que nos rodeaba siempre nos tuvo respeto. Los vecinos sabían que aunque éramos chicas jóvenes, trabajábamos al mismo tiempo que estudiábamos. Nunca nos vieron en malas cosas ni en mala compañía. Así es que yo deduje que, en realidad, este país no es tan diferente al nuestro en cuanto a eso, contrario a lo que pensábamos. La gente sí nota y se fija en el comportamiento del otro; se fijan principalmente cuando es para criticar, pero también lo elogian si ven que se lo merece.

Nosotras siempre conseguíamos trabajo fácilmente. Alguien nos recomendaba con los supervisores de negocios, en tiendas, restaurantes y oficinas. Cualquier joven puede lograr esto cumpliendo con todas sus responsabilidades y mostrando seriedad y ganas de superarse en la vida. Así lograrán lo que quizás sus padres aspiraban pero nunca lograron.

Además, recuerden que básicamente somos huéspedes en este país hasta lograr obtener la ciudadanía. Como es normal que nuestro comportamiento sea el mejor cuando somos invitados a casa de un amigo, así tenemos que portarnos con el país anfitrión.

¿QUIERE SER CIUDADANO AMERICANO?

Hay personas que aparentemente piensan que este país les debe y cuando ya están aquí por un tiempo, se olvidan de que pueden ser echados fácilmente. En algunos casos las leyes no los protegen. Especialmente hoy en día que quieren que nos larguemos ya. Así es que cualquier paso en falso es razón para no obtener ni siquiera un permiso de trabajo y/o hasta perder su residencia.

***

Lamentablemente, la deportación masiva que ha llevado a cabo estos últimos años el departamento de inmigración y naturalización ha afectado a muchos que en verdad no se lo merecían. Pero como dije anteriormente, por uno pagan todos.

Aunque tampoco podemos culpar a los americanos por los sentimientos que sienten por muchos de aquellos que vienen aquí y actúan hasta peor que en su propio país. ¡Quizás es porque se olvidan de que salieron de allá por no gustarle el modo de vivir, y han venido a perder su tiempo y nada más!

***

Según muchos pensamos, el estado de Florida parece pertenecer a los cubanos. Cuando una amiga se quiso alejar del frío, se mudó del norte para allá. Me convencí de que eso era más cierto de lo que yo me imaginaba.

Puede ser que las cosas hayan cambiado desde esa época de los años noventas. Ella descubrió las pocas oportunidades que existían y la discriminación hacia los hispanos que no eran cubanos. En su cara le decían que sólo empleaban cubanos y también, porque ella todavía tenía acento hispano, no calificaba.

Esto es una violación a la constitución de los Estados Unidos.

Escuché un programa político en el cual el público tenía la oportunidad de llamar y comunicar sus quejas a los postulados para la presidencia en las elecciones en noviembre del 2008. Alguien preguntó qué pensaban hacer para controlar el ingreso de los inmigrantes indocumentados a este país. Esa persona llamaba desde Florida y se quejaba de que ahí los latinos vivían como si estuviesen en sus países. Diciendo que ellos no vivían una vida americana ni mostraban tener interés de serlo.

Yo, a la vez, pensé que esa persona no se podría estar refiriendo a los cubanos porque ellos sí viven el sueño americano. Tienen buenos negocios, buenas casas, autos, la mayoría son blancos y están bien representados en muchas ramas del gobierno, en el campo del arte y muchas otras más.

A pesar de que los cubanos fueron, y están, bien encaminados al llegar a este país por el gobierno norteamericano, facilitándole todo, no se puede negar que son buenos trabajadores y saben aprovechar bien las oportunidades que brinda el país.

NO ABUSE DE LOS RECURSOS DEL GOBIERNO

No abuse de los recursos que están ahí para los más necesitados. Un buen ejemplo es lo indicado en el capítulo tres, acerca del uso de los abogados asignados por la corte sin en verdad estar necesitado. Eso es robar al pobre porque su uso de ese recurso puede causar que se agoten los fondos necesarios para mantener el programa activo.

Si este gobierno nunca hubiese creado el programa de beneficencia social (Welfare), muchos tendrían que haber trabajado para conseguir lo que tienen. Pero, al llegar a este país, tomaron la decisión de ganarse la vida fácilmente a costillas de los que elegimos trabajar y pagar impuestos.

Éste es un mal ejemplo y la causa del deterioro de nuestra imagen. El plan del Welfare es para ayudar a las personas de bajos ingresos, que no pueden producir lo suficiente para mantenerse, o si están impedidos por enfermedad o cualquier otra razón. ¿Cuantos ciudadanos y residentes permanentes no habrá aquí sin recibir ayuda por culpa de esos que agotaron los recursos sin necesitarlos?

Es sorprendente que algunas personas vienen al país de paso y reciben mejor atención del gobierno que los que estamos pagando impuestos para mantener el programa activo. Claro, la culpa no es totalmente de ellos. Hay algo malo en todo esto puesto que una persona que se enferme y necesite cuidado médico intensivo le tocaría cubrir todo sus gastos por no tener seguro, llevándolo a una crisis económica. Normalmente esta persona no califica para atención médica gratis ni para ayuda económica, según las reglas del programa, porque tiene trabajo.

Por el contrario, una persona que se encuentre visitando al país se enferma, lo ayudan porque, naturalmente, no tiene trabajo. Me he enterado de casos en los que algunas personas han venido al país y sin nunca haber trabajado aquí, lo cual quiere decir que no han pagado impuestos, reciben ayuda del gobierno. Supe de una persona en la ciudad de Nueva York, donde más parece existir este abuso, que la colocaron hasta en su propio apartamento, probablemente teniendo ésta como pagar. Aunque tengo entendido que estas generosidades se han ido agotando un poco porque muchos que se apoyaron en el gobierno al llegar aquí y sin haber trabajado, los han retirado del programa. Varios aplicaron y recibieron ayuda porque no podían trabajar, reclamando estar enfermos. Para mí es haraganería.

No es fácil extender las manos para pedir limosnas, cuando verdaderamente estamos necesitados. A la mayoría de los que forman parte de este fraude, se les hace bien fácil, porque para ellos quizás es como un juego.

Un buen ciudadano debe ser consciente. El uso de estos programas sin tener absoluta necesidad es un delito. El programa se sustenta con fondos provenientes de los impuestos, y entonces la carga la llevan aquellos que no abusan del programa y que pagan sus impuestos.

No tengo datos específicos sobre la situación actual de fraudes contra el sistema de Welfare, pero sé muy bien que desde que se inventó la computadora aumentó el riesgo de defraudar al gobierno porque ahora es más fácil de detectar. Aún así, supe de por los menos una persona que recibe ayuda y es dueño de una casa que está a nombre de otro.

No voy a dejar de criticar a los que trabajan en las oficinas del Welfare, que se venden para conseguir que personas no calificadas puedan obtener los beneficios. Algunos han ido a la cárcel, pero dudo que se haya combatido por completo esa falta de responsabilidad.

Muchos de los hijos que ven el ejemplo de los padres que se dedican a vivir de la ayuda del gobierno no progresan mucho en sus vidas. Tal vez porque no crean ninguna ambición.

El abuso del sistema de Welfare por parte de los latinos también nos ha ganado mala fama. En los años 70, cuando una de mis hermanas empezó su carrera de maestra en la ciudad de Nueva York, sostuvo una charla con los estudiantes y les preguntó qué estaban planeando para su futuro.

Aunque no lo crean, algunos dijeron que planeaban vivir del Welfare. Ese programa era popular en ese tiempo e incentivó la falta de aspiraciones en muchos segmentos de la juventud. Ellos sentían que vivían bien porque se habían acostumbrado a ver a sus padres ganarse la vida fácilmente.

No sé cómo se las arreglaban para vivir bien porque según recuerdo, esas familias estaban sujetas a inspecciones llevadas a cabo por agentes del programa, y si veían que estaban viviendo en buenas condiciones, los descalificaban. Por supuesto, los que recibían los beneficios siempre trataban de vivir en la pobreza.

La vida aquí, ni en ninguna parte, es fácil. El pobre lo es donde quiera que sea y no importa que sea latino, blanco o negro.

Dicen que los blancos pobres de aquí sufren más que cualquiera porque la mayoría no pide ayuda al menos que estén sumamente desesperados, y aun así hay veces que no son considerados pobres y se asume que por ser blanco están bien.

Éste es el país de las oportunidades pero, no todos podemos alcanzar a ser ricos. Los obstáculos son muchos y variados y casi todos tenemos que trabajar toda una vida para poder sobrevivir. Por eso muchos que no tienen la infraestructura para poder luchar para conseguir lo mejor que pueden, eligen tomar el camino más fácil o, mejor dicho, se dedican a la delincuencia, vendiendo drogas, robando o aprovechándose de los recursos del gobierno.

Hay un dicho en inglés que dice *si no puedes cumplir tu condena (de cárcel), no cometas el crimen.* Así que, si no estás preparado para la posibilidad de tener que ir a la cárcel por fraude, no lo hagas.

Varios programas del gobierno están al alcance de todos para ayudarnos, tales como los siguientes:

-Programas gratuitos para aprender el inglés
-Ayuda de administración de negocios
-Ayuda al consumidor

Para los que decidan estudiar el inglés formalmente, pueden inscribirse en los programas respaldados por el gobierno los cuales son normalmente ofrecidos en las escuelas secundarias o universidades; ofreciendo horarios por las noches para facilitar el estudio de los que trabajan.

Si su vocación es empezar su propio negocio y necesita ayuda para saber cómo hacerlo, acuda al programa del Small Business Administration. Esta organización, usualmente, presta asistencia por medio de varios establecimientos en los cuales el personal se dedica a dar consejos, información, instrucción, etc. Hasta puede ser posible pedir un préstamo por medio de esta organización dedicada a ayudar a los negocios pequeños que puedan tener grandes obstáculo al comienzo.

Esto pueda ser el paso más importante y primario,
Porque para tener un negocio en este país existen varios requisitos y al parecer hay que pedir licencia casi para todo.

Por ejemplo, en nuestra oficina fue necesario un permiso para ocupar el lugar, uno para el letrero o rotulo con el nombre del negocio y si tiene electricidad, también otro para eso. El departamento de bomberos tiene que inspeccionar el establecimiento, y todo esto después de haber sacado todos los permisos para construir la oficina por dentro, además de los permisos que obtuvieron quienes construyó el edificio.

Esto nos parecen motivos para sacarnos más dinero, pero a la vez tenemos que reconocer que sin estas reglas, algunos pondrán letreros de todos tamaños y colores y pueden causar grandes daños si la electricidad no está adecuada. Naturalmente, hay muchos violadores de estas leyes y si son descubiertos, normalmente son multados y pueda que tengan que hacer todo de nuevo para ponerse al día.

El departamento de Consumer's Affairs, o sea asuntos del consumidor, ayuda en casos de compras de productos o servicios vendidos quizás bajo algún fraude o algo semejante.

***

Con tantas leyes existentes en los Estados Unidos, no es sorprendente que también haya una para cuando compramos un auto nuevo y éste no sirve desde que sale del salón de venta. Ésta ley se llama "Lemon Law" o sea la ley del limón. Cuando un auto nuevo no sirve desde el comienzo y parece nunca tener arreglo, se dice que le salió "un limón". Si el auto es clasificado como tal, es la única manera de poder tener la posibilidad de poder retornarlo y cancelar el contrato. De lo contrario, ni pensarlo.

A pesar de que también está la agencia regulatoria la cual trata de controlar las acciones de los "dealers" o sea los vendedores de autos. Además, algunos abogados se dedican a esta práctica legal.

Una vez una amiga compró un auto usado. Como es normal, le dan placas temporales por algunos 30 días hasta que el departamento de vehículos reciba todos los documentos y expida una permanente. Había pasado mucho tiempo y nada de placas. Las llamadas al dealer parecían caer en oídos sordos y parecían no darle importancia. Entonces acudimos a la agencia regulatoria (en este estado se llama el "Dealer Board") por vía telefónica y le explicamos el problema. Nos pidieron toda la información y dijeron que les harían una llamada para tratar de resolver la situación. Rápidamente se solucionó el problema aunque el señor no quedó muy contento con nosotras porque pudimos haberle causado la pérdida de su licencia de vendedor de automóviles.

***

El gobierno americano también facilita la existencia a las iglesias y algunas dan ayuda de caridad. Así como otras organizaciones que son formadas con fondos obsequiados para que nos ayuden. Está claro que algunas veces nos encontramos sin amparo de ningunas como le sucedió a un señor que anduvo por todas partes buscando que lo ayudaran porque *la migra* había llevado a su hijo cuando lo encontró trabajando.

Al parecer le pusieron cadenas en los pies y con sus manos esposadas, lo pusieron a bajar las escaleras causando que se cayera y se rompiera una pierna. El departamento de inmigración lo tenía en la cárcel y supuestamente no lo deportarían hasta que no estuviera fuera del yeso que le pondrían después de la cirugía que le tenían que hacer. El señor quería tener la oportunidad de poder atender a su hijo, pero no se lo soltaban tampoco. Él acudió a todas partes y nadie lo pudo ayudar en esto. Tampoco su país se quiso encargar y según me dijo, cuando él pidió ayuda en el consulado, o la embajada, le dijeron que su hijo no tenía que estar en este país siendo ilegal.

Ésta fue la primera vez que escuché a alguien decir que tuvo una experiencia así con el consulado o embajada de su país. Que yo sepa, ellos siempre tratan de estar a nuestra disposición. La queja que yo he tenido es porque me cobraron $85.00 por hacerme un simple poder que tenía que enviar a mi país.

***

Estos son algunos ejemplos de las ayudas que tenemos a nuestra disposición ofrecidas por el gobierno de los Estados Unidos (por supuesto ni el consulado ni la embajada de nuestros países son parte del gobierno americano, los mencioné porque también podemos acudir a ellos.)

En esta época del Internet, es mucho más fácil encontrar tales beneficios, especialmente si nos referimos a las páginas web gubernamentales, las cuales son varias. Cuídese de esas páginas web que reclaman ser fuente de información y de ayuda para esto porque le cobran para conseguirle algo que es gratis.

Sólo necesitamos un poco de esfuerzo y ambición para lograr y formar nuestro destino y aunque el peso del trabajo puede llegar a ser abrumador, los beneficios pueden ser la salvación. Dicen que trabajando no se llega a rico pero aunque eso fuera cierto, ¡por lo menos podemos acomodarnos mucho mejor que si viviéramos del Welfare!

Nota: Tome en cuenta que no solo los latinos cometen faltas o se aprovechan de los recursos del gobierno. Esto existe entre todas las razas. Además, se les hace más fácil a aquellos en buenas posiciones del gobierno porque no son tan vigilados. Los primeros que empezaron a conseguirle a la gente ilegalmente estos servicios a cambio de pagos, fueron americanos quienes usualmente eran los encargados y los que desempeñaban el puesto en las oficinas asignadas. Aunque no tengo pruebas de esto, recuerdo escuchar comentarios de algunos beneficiados. Opino que los peores violadores de las leyes están en el gobierno y representados por todas las razas.

MANTENGA UN BUEN CREDITO

Esta sociedad también parece estar dominada por las compañías de créditos. Las más conocidas son Equifax y CRS. Si su crédito es perfecto, todo se le hará fácil. Cuídese de las malas decisiones que pueden afectar su crédito. Por ejemplo, es común entre amigos y familia, firmar como garantizador de una compra de un auto. He visto varios casos en que la persona desaparece con el auto, dejando al firmante pagando la deuda.

Al no pagar la deuda (usualmente no puede afrontar económicamente, esta deuda) la persona es demandada ante la corte civil. Su crédito queda instantáneamente arruinado, causándole dificultades para comprar un auto, una casa, y obtener una tarjeta de crédito entre otras consecuencias negativas.

Otros firman contratos sin saber lo que están firmando. En relación con la compraventa de autos, hay quienes piensan que si no pueden pagar la mensualidad del auto nuevo que han adquirido, simplemente se lo regresan al vendedor. Pero lo más probable es que el contrato indique que eso no es una opción.

Cuando la devolución del auto no es aceptada por el vendedor, estas personas simplemente se los dejan y piensan que con eso se están lavando las manos.

He recibido llamadas de personas a quienes les están cobrando un auto que ya no tienen en su posesión. Cuando el comprador viola los términos del contrato con el vendedor, el vendedor tiene la opción de vender el vehículo. Esta opción puede variar de estado a estado y el vendedor puede vender el auto en una subasta a un precio menor al adeudado por el comprador. Entonces, si el auto es vendido en $5,000.00 y el que lo abandonó debía $15,000.00, tendría que pagar la diferencia de $10,000.00 al banco que le financió la compra. Además, el banco espera que se le pague el total de lo adeudado y por eso, al ellos recibir los $5,000.00 dólares de la venta hecha por el vendedor, el banco exige que se le pague el resto de lo adeudado, lo que por supuesto le tocaría pagar al dueño original, el comprador, quien fue quien optó por el préstamo. Además, igual que el vendedor original, el banco también tiene derecho a vender el vehículo.

Si usted ha comprado un auto a crédito y se encuentra en una situación en la que ya no puede seguir cumpliendo con los pagos, es mejor encontrar a una persona que se responsabilice de continuar pagándolo (asegurándose que todo se ponga por escrito y legalmente.) Quizás un familiar o un amigo. Si esto no es posible intente venderlo. Haga un contrato muy claro y resígnese a perder lo que ya ha invertido. Al fin y al cabo, le convendrá más hacer esto.

Como ven, es muy fácil arruinar su crédito. Aunque hay situaciones en las que no se puede evitar. Por ejemplo, si no tiene con qué pagar las cuentas por más que intente. En ese caso, hay que resignarse a siete años sin crédito, porque este es el tiempo que dura cualquier información negativa en su record.

Existen muchos que se aprovechan. Toman préstamos antes de marcharse a su país sin importarles arruinar su crédito, y regresan cuando esté limpio otra vez.

De vez en cuando tiendo a compartir el mismo sentimiento con ellos, porque a los que tratamos de enfrentar la situación nos tratan igual que a los que tomen ventaja y nuestros esfuerzos de pagar las cuentas por más difícil que sea, no son reconocidos, si algún día nuestra situación económica nos impide mantenernos al día con nuestras obligaciones.

Hoy en día el crédito es muchas veces el dictador de su futuro. Cuando se enteran que usted ha fallado en algunos pagos, hasta lo hacen sentir como un criminal.

Los empleadores, los colegios y demás organizaciones usan la información crediticia para juzgarlo y muchas veces crean así una opinión falsa y prejuicios a de usted pero que es muy dañina.

Obtener información crediticia es un gran negocio que alguien se inventó para hacerse de dinero a costilla de los que caen en malas prácticas. Ellos cobran por la información y probablemente manipulan el sistema para que favorezca a los que les pagan bien.

Los malhechores existen hasta en este asunto del crédito. Fíjense que cuando su crédito está excelente, se lo roban. Ellos asumen su identidad y hasta toman préstamos en su nombre sin que usted lo sospeche. Claro, el negocio es para las compañías de divulgación de información crediticia, tales como CRS, porque estas empresas siguen haciendo dinero, porque le prestan el servicio de vigilar su crédito, y esto tiene un precio.

Si nosotros los latinos pudiéramos ser como los orientales y los hindúes, no tendríamos que atenernos a préstamos o tarjetas de crédito. Según he escuchado, cuando ellos llegan a este país, *"caen para' o"* (como digo yo), porque se ayudan unos a otros.

He observado que los establecimientos 7-Eleven son una cadena de mercado pertenecientes en su mayoría a hindúes.

Los coreanos forman un club que le entrega al recién llegado una gran cantidad de dinero para que se establezca, y pague el préstamo luego. Por eso usted ve que acabando de llegar, podemos decir que al otro día, ya están establecidos. Por supuesto que también aparecen algunos de ellos que son tramposos, pero eso es parte de la humanidad.

A los cubanos, el gobierno americano no los deja caer de ninguna manera. No sé si ellos son considerados inmigrantes latinos y llegan apoyados no-solo por el gobierno, sino por sus paisanos y no sufren de las mismas experiencias económicas que el resto de los latinos. (Pueda ser que algunos no tengan esa buena suerte.

Tenga cuidado con sus tarjetas de crédito, porque también hay muchos de los que vinieron a aprovecharse y a ganarse la vida fácil, que se las roban y las usan. No-solo le queda la cuenta a usted como víctima del robo, sino que su crédito queda arruinado si el ladrón logra cargar una cuenta altísima e imposible de pagar. Sin embargo, es posible que su tarjeta tenga alguna protección contra esto y usted sea responsable de pagar solo una cantidad mínima. Es aconsejable seguir las instrucciones y seguir los pasos detallados en el contrato firmado.

Las personas que roban tarjetas o identidad de otros merecen un largo tiempo en prisión. Pero muchos están gozando del robo, aquí o en su país.

Recientemente escuché un consejo en un programa de finanzas en el cual recomendaba que desecháramos todas las tarjetas de crédito. Les doy a ustedes también la misma advertencia, tal como me lo hicieron a mí y no escuché. Debemos escuchar el sano consejo de que es mejor nunca tener tarjetas de crédito ni pedir préstamo. Aunque la conveniencia nos atrae a usarlas, también nos hacen pagar más de la cuenta por cualquier cosa que compremos usándolas.

Para los que ya están acostumbrados a usarlas, es difícil que dejen el hábito. Sin embargo, los que nunca lo han hecho, se beneficiarían inmensamente de nunca empezar.

El pueblo americano se está convenciendo de que esto es lo mejor, porque a causa del abuso del crédito cada día más vamos para atrás en vez de progresar. Los consejeros de finanzas piensan que esto, el mal uso y el abuso del crédito, ha tenido mucho que ver con el deterioro del país.

Los padres aconsejamos a nuestros adolescentes que al volverse adultos, lo primero que se debe hacer es aplicar a una tarjeta de crédito y comenzar a acumular un buen crédito. Ya no podemos regresar al pasado y aconsejarles lo contrario. Pero los que están todavía a tiempo, deben hacerlo antes de que ellos se pasen la vida trabajando sólo para pagar los intereses.

Si no hay otra alternativa, o si ya es muy tarde porque tiene un pasado con esas compañías, ni modo que hay que mantener buen crédito.

***

Algunos compraron y vendieron casas en nombre de otras personas, sin tomar en cuenta las consecuencias que le pudieron causar como terminando pagar por una casa y quedarse sin ninguna. Entre los latinos, por lo que he visto, existe mucho la traición y parece que la gente cambia mucho al llegar aquí. En vez de ayudarse uno al otro, se ayudan a sí mismos. Cuide de lo suyo y no confíe a ojos cerrados en el que fue su vecino o su paisano en su país, porque muchos se llevan una gran sorpresa.

Es sumamente importante evitar poner su firma en un documento respaldando un préstamo a otra persona. Si firma tal documento, será directamente responsable, tal como si usted mismo hubiese adquirido el préstamo. Miles de personas se han encontrado en esta situación porque otra persona ha comprado, por ejemplo, un auto de esa manera y cuando deja de pagarlo, la persona que firmó con él, es responsable de la deuda.

Aunque la persona principal que supuestamente se encargara de los pagos no tenga la intención de no pagar su deuda (como muchos) puede que dicha persona se encuentre en una situación económica que le impida honrar sus obligaciones. Entonces los dos firmantes pueden ser demandados o juzgados ante la corte civil, lo cual con seguridad terminara arruinándole su crédito.

SEA CONSERVADOR

Me dirijo especialmente a la juventud que llega a este país y empieza por sobresalir, pero de mala manera. Muchas veces el modo de vestir lo aleja de las oportunidades. La moda no es para todos. Una señora ya muy mayor con una mini falda no se ve muy bien. Así como un chico hispano vestido como un americano de raza negra que viste en cierta forma para enviar un mensaje sobre su raza.

Los musulmanes visten de largo y las mujeres que se cubren la cara tienen motivo para hacerlo. Pero ¿qué está usted diciendo con su vestuario? Una persona corriente viste en forma conservadora, y eso lo dice todo. Los pantalones anchos y arrastrando el piso no se ven bien. Los que dejan que se les caiga hasta más debajo de la parte trasera, ¡ni mencionarlos! Los payasos sólo se necesitan para ocasiones especiales y para hacernos reír.

Otra cosa muy importante, los tatuajes son un peligro para la juventud hispana, porque los policías (por los menos en el estado donde resido) lo consideran como una señal de participación en pandillas. Esto les ha costado tiempo de cárcel a algunos porque es verdad que es el símbolo que suelen usar los pandilleros para destacarse. Cuando usted va a otro país, no debe de vestir de una manera que refleje a un grupo al cual no pertenece, sin saber lo que significa, y más si lo relacionan con elementos con connotaciones criminales, porque lo van a juzgar así.

Con un traje o camisa y corbata, se da mejor impresión. Las chicas, aunque suelen ser más conservadoras, también alcanzarán mejor posición.

Un hombre necesita un solo traje de vestir negro o azul oscuro, así es que no estaría mal invertir en uno. Si va a buscar empleo o va a la corte, trate de llevar su traje. Le aseguro que tendrá mejor resultado. A las mujeres también les conviene vestir con trajes o vestidos serio para una entrevista de trabajo o presentarse antes un juez.

La manera de vestir deja mucho que decir. Por ejemplo, es fácil saber quién está legal y quien no en este país simplemente por eso. Un hombre bien vestido da la impresión de que tiene un buen trabajo, está bien posicionado y establecido. Nadie dudará de su estado legal.

No gaste su dinero comprando ropa de marca porque los únicos que se benefician son los diseñadores. Los países pobres usan mucho esa fantasía. Pero les convendría más preocuparse por mejorar la situación que empeorarla malgastando su dinero.

En la década de los setentas, según recuerdo, cuando comenzaron a salir los diseñadores Calvin Klein y Gloria Vanderbilt con sus jeans, tenían un precio que no estaba al alcance de todos. Sin embargo, muchos hispanos tenían al menos un par de cada uno.

Desde entonces ya no se ve a nadie sin que tenga algo de vestir que no sea de marca. Yo miré a mí alrededor en ese entonces, todavía miro, y veo que sólo la mayoría de hispanos se dan el lujo de vestir con ropa de marca. Los americanos siguen con sus jeans descoloridos y de marca que no tienen tanta importancia.

También me di cuenta que la vida sigue igual y que en este país podemos entrar en cualquier lugar sin importar donde hemos comprado nuestra ropa, siempre y cuando estemos bien vestidos. He observado que mientras más pobre es la persona, más importancia le da a eso. Al americano no se le nota si tiene dinero o no porque no se le conoce en el vestir. Claro, en las escuelas hay algunos que creen que es importante asistir con vestuario caro, aunque sean americanos, pero usualmente ya se les pasa después de la secundaria.

Claramente, esto depende del círculo en el que se mueva. Si es invitado a la Casa Blanca o algo así por el estilo, claro que debe vestir al nivel de los otros invitados. Pero si su destino es el bus, para qué vestir con ropa cara cuando a la mayoría de las personas que van a estar ahí, ni les interesa.

PARTICIPE EN CIRCULOS SOCIALES

El vestuario conservador no solo le da buena apariencia para conseguir buena posición en el empleo, sino también en la sociedad. Ya que usted sabe inglés, tiene buena posición (o por los menos lo aparenta) porque ha conseguido un buen trabajo y su modo de vestir es aceptable en cualquier círculo, inscríbase en un club, ya sea para solteros, de la iglesia o algún crucero, etc. Esto lo expondrá a un grupo de personas de diferentes niveles.

Mi familia siempre gozó de varias cosas, aún cuando éramos pobres. Aunque no teníamos bote, conocíamos a alguien que sí tenía. Conocíamos personas que tenían casas de campo o de playa y gozábamos de todo eso sin ser ricos. Para ellos era un placer estar en nuestra compañía. Nuestros dos hijos se portaban bien. Esto lo digo con orgullo, porque todavía, siendo adultos, siguen siendo respetados por todos los que los conocen. La gente sabe quiénes son y qué hacen.

Como dije antes, en este país también se fijan. Así es que asegúrese de que sus hijos también puedan estar en un buen ambiente, que sean respetuosos, obedientes y vistan apropiadamente.

***

Al pertenecer a un círculo social, si no ha logrado conseguir su residencia permanente, y es soltero o soltera, tendrá una gran probabilidad de conocer su pareja, la cual, por supuesto, estará en disposición de ayudarle. Estando en el círculo de los indocumentados, podría enamorarse de alguien en la misma posición.

Es mejor estar enamorado y documentado que indocumentado y enamorado. He visto muchos casos de padres que han traído sus hijas de 10 a 12 años, más o menos, sin documentos, y dentro de poco, ya están embarazadas de otro también sin documentos.

Fíjese bien en el vecindario. Aunque es difícil encontrar vivienda en los mejores de ellos, no es imposible. El ambiente es muy importante. No es que debemos discriminar, sino buscar la posibilidad de que su hija se enamore de alguien que no esté en la misma situación.

El mismo consejo va para el joven que se enamore de alguien que le pueda servir de apoyo para el futuro… y le acerque más a la ciudadanía. Pero recuerde, es mejor estar solo que mal acompañado. Sea donde sea, hay que tener cuidado con quien está tratando. No todos tenemos la fortuna de encontrarnos con personas buenas y dispuestas a ayudarnos. Al contrario, he sabido de casos en los que hasta le han robado los papeles para usarlos como identidad.

***

Una vez en la estación del bus escuché una conversación entre dos que también estaban esperando. Uno se quejaba de estar pagando más de $400 mensuales por el dormitorio que alquilaba junto con su esposa. A la vez describió como la dueña de la casa había alquilado *casi todo los rincones*. Según dijo, en la sala dormían dos o tres y en el sótano muchos más. La queja más grande que él tenía era que la mujer le estaba cobrando más porque le habían aumentado el precio del cable. Por eso él estaba sacando cuenta de la cantidad de dinero que le estaba sacando la señora a esa casa a costillas de ellos, sin comodidades ninguna y teniendo que compartir con otros desconocidos.

No me sorprendí al escuchar esto porque ya estaba enterada de que muchos se han hecho de dinero llenando las casas de huéspedes, aunque esto sea un delito, según el departamento de viviendas y las leyes de este estado.

Tenga en cuenta dónde está viviendo porque puede llegar a encontrarse en la calle si el condado exige que la persona corrija esa falta. Normalmente se dan cuenta por la cantidad de autos parqueados alrededor de la propiedad, lo cual causa quejas de los vecinos.

Además, someter a su esposa o hijos a compartir vivienda con desconocidos, es tomar un riesgo por el cual pueda que no le valga la pena.

Cuando a un señor lo estaban acusando de haber tenido intenciones sexuales con una niña de diez años, él nos explicó que en ese entonces estaba alquilando una habitación a una señora soltera con un niño pequeño y la niña de esa edad. Él sentía mucha simpatía por ellos y los cuidaba, pero nos aseguró que en ningún instante le cruzó algo semejante por la mente. No se explicaba por qué lo habían involucrado en eso y nos describió el escenario de la vivienda.

Era un apartamento de tan solo un dormitorio, el cual fue alquilado a él. La mujer y los niños dormían en la sala junto a ella y su compañero, que no era el padre de los niños. Él escuchaba cuando estaban en su intimidad y ni dudaba de que los niños también. Pensó que no era asunto suyo decir algo o delatarlos a las autoridades.

Aparentemente la niña fue violada por el amante de la madre y ella lo confesó en la escuela, de donde llamaron a la policía llevándoselo a la cárcel. Lo peor fue que al que rentaba la habitación también lo acusaban y así fue el comienzo de su larga historia.

Finalmente pudo librarse porque no pudieron comprobar nada contra él. Pero no antes de gastarse el costo de la defensa y pasarse tiempo en la cárcel. Es incompresible pensar en que un padre o una madre exponen sus niños a tal modo de vivir. Deben de buscarse otra manera mejor.

Quizás una pareja con solo niño o niña puede ser mejor para compartir vivienda, si eso es lo necesario. Solo hombres o solo mujeres podrían compartir sin ningún peligro. Aun así, puede haber conflictos, pero serán más fáciles de solucionar.

***

Con los niños hay que tener mucho cuidado y prestar atención porque el mundo está lleno de personas con las mentes enfermas y causan muchos daños con sus malicias y deseo sexuales. Al estar enfermos de la mente, no se pueden controlar y hasta dañan sus propios hijos, si les da las ganas. Por más que los padres traten de proteger a sus hijos, éstos encuentran la manera de hacer lo que quieran con los niños porque son vulnerables y fáciles de engañar. Ellos son los causantes de otra ley en el país la cual obliga a las personas que son acusadas de tal horror a que tengan que reportar adonde viven por el resto de sus vidas.

Desdichadamente, también ha habido algunos acusados falsamente y encontrados culpables bajo esa ley cuando en realidad básicamente no es la misma cosa.

Recuerdo escuchar un caso de uno que huyó a su país con su enamorada porque lo acusaban de violarla y ella estaba embarazada. Algunas personas explicaron que él también era víctima de las leyes bajo la cual lo perseguían porque en su país lo que él había hecho no era un delito. La chica calificaba como una menor en este país, pero en el suyo aparentemente, la edad que ella tenía no lo consideraría así. Ha habido muchos casos iguales y las personas son por el resto de sus vidas manchadas.

Los que han tratado de comenzar una vida nueva después de haber recibido terapia y mejorado su mente no se les hace la vida muy facil porque tienen el deber de reportar su dirección actual y a los vecinos muchas veces les avisan que tengan cuidado, quizás distribuyendo advertencias con detalles de su pasado.

Por otro lado, también es bueno tener la oportunidad de estar enterado de quienes vivan en el vecindario ya que la ley facilita esto como protección.

***

Lo peor de todo es que ha habido casos en los cuales las madres están enteradas del abuso sexual y no han hecho nada para tratar de proteger a sus propios hijos. Esto existe en todas partes del mundo y círculos sociales en las que se encuentran personas de varios niveles y costumbres.

Una persona me contó cómo fue perseguida por su padrastro y su madre lo único que hacía era tratar de mantenerla aparte al estar consciente de la situación. Enviándola siempre para casa de algún familiar, se paso su adolescencia yendo de un lugar al otro.

Cuando ella se enteró que yo estaba escribiendo este libro, me pidió que escribiera acerca de esto porque es un problema que le ha perseguido como una maldición toda su vida. Ella quiere que las madres reconozcan el gran daño que causan a los hijos por no tener el valor de botar esas basuras de sus casas.

***

Sería afortunado para todos si encontráramos un ambiente ideal, pero al ser imposible, porque nada es perfecto, tenemos que cuidar nuestros pasos. Es importante prepararse y comprender que no todos pensamos igual, aún siendo del mismo país y mucho menos cuando no lo somos, haciendo la comprensión más difícil.

Tenga cuidado porque un chiste de su país puede ser un insulto para una persona de otro. Hay que recordar eso, especialmente en la unión matrimonial, porque el período de ajuste que normalmente es necesario puede ser mucho más largo en ese caso.

No es fácil mezclarse con personas de diferentes países sin que haya aunque sea un malentendido. A pesar de eso, la población de los Estados Unidos se ha ido agrandando cada día más con familias mixtas de varias razas.

9

MUESTRE SU ORGULLO

Ya que usted ha planeado su vida y todo le ha salido bien, está listo para ser ciudadano americano. Será un orgullo para los Estados Unidos admitirlo como ciudadano. Con su buen comportamiento ha demostrado que nosotros también somos capaces.

Piense que cuando los judíos inmigraron a este país, eran conocidos como los más pobres y de clase baja. Así como los griegos, los italianos y los chinos. Todos pasaron por lo mismo; la discriminación contra ellos también existía (y no dude usted que todavía existe.) Sin embargo, todos estos grupos se han superado.

Recuerdo cuando vi a los judíos por primera vez en la ciudad de Nueva York. Yo no sabía nada de ellos porque en mi país nunca escuché mencionarlos (yo estaba muy pequeña y quizás no me di cuenta.) Noté que eran dueños de negocios y que vivían en las mejores casas y apartamentos. Los hijos eran siempre buenos estudiantes en la escuela.

Yo quería haber podido saber vivir como ellos. No-solo eran dueños de las tiendas, eran los médicos y los dentistas. Nunca sentí envidia de ellos, sino admiración.

MUESTRE SU ORGULLO

Los sacrificios son comunes a todos y aunque una persona rica o de buena posición aparente tenerlo todo, puede haber algo en ella que no se debe envidiar. ¿Quién sabe lo que esa persona pasó para lograr su situación actual? El pasado pudo ser duro y el futuro no se sabe cuál será.

Una vez mostraron en la televisión un documental acerca de Adolfo Hitler, el líder del nazismo en Alemania, que quiso acabar con todos los judíos. Empezó explicando que él creció mirando cómo los judíos lo tenían todo y eran profesionales. Él pensaba que ellos se querían adueñar de su país. Por eso tuvo la idea de acabar con ellos y cuando subió al poder, con esa locura metida en la cabeza, ya sabemos el horror que esto causó y como termino todo. Por eso, no debemos envidiar a nadie, sino admirar a otros por sus proezas y luchar para alcanzar los mismos logros.

No se preocupe porque lo discriminen, porque si demuestra ser diferente a lo que piensan, ellos quedarán mal por haberle juzgado sin motivos. Ya llegó el momento de hacer que nos reconozcan y nos den el valor que todos los latinos merecemos.

Lo peor de todo es que todavía existen en este país aquellos discriminadores de judíos que siguen idolatrando a Hitler. Lamentablemente, en sus devociones y prejuicios racistas, también nos incluyen a nosotros los latinos y a los afroamericanos.

En un documental que se mostro en la televisión recientemente, escuché a uno de esos racistas explicando como ellos se están preparando para reconquistar y recuperar "su país", refiriéndose, por supuesto, a los Estados Unidos. No sé porque creen que es de ellos, porque también son descendientes de inmigrantes. La estupidez no los deja razonar bien. El caso es que no piensan seguir como antes, según explicó el entrevistado, más bien desean cambiar la sociedad pero no a través de la violencia o la intolerancia. Tomen nota, ellos ahora dicen que se van a mezclar bien en la sociedad, educándose y colocándose en buenas posiciones, especialmente del gobierno, para así reinar sobre todos, dominarnos obteniendo un poder sobre las minorías y así lograran echarnos de aquí.

Digo que tomen nota porque también nosotros tenemos que estar preparados para poder combatirlos y tenemos que hacerlo tal como ellos planean, ¡con nuestro orgullo debemos aspirar llegar hasta lo más alto y que no nos puedan tumbar!

Este grupo, según nos informaron en dicho documental, fue originalmente formado por unos blancos con el fin de mantener el orgullo de su raza blanca. Pero, llegaron otros que cogieron las cosas por donde no era y empezaron a destacarse como racistas y demandando el reconocimiento de que su raza es superior a las otras, de esta manera emulando los ideales de Hitler y equiparándose a sus locuras.

Para mantener el orgullo no es necesario irse a tal extremo, a menos que intentemos aparentar estar locos.

***

Un profesor de estudios legales, durante una charla, comentó que algunos abogados cometen un gran error al elegir un jurado de la raza latina o afroamericana cuando tienen un cliente de la misma raza.

Cuando una persona acusada se declara no culpable, se escoge el jurado para que lleguen a un veredicto. Bajo un proceso judicial, el abogado defensor y el procurador se ponen de acuerdo para elegir 6 ó 12 de ellos dentro de un grupo de ciudadanos a los cuales les hacen preguntas para tener una idea de quiénes son y formar el jurado de esa manera.

El problema de elegir a un jurado latino, si el cliente también lo es, según el profesor, es que la persona suele mirar al acusado como uno que está denigrando su raza y normalmente no saca la cara por ellos, si fuese necesario. Es decir, cuando el jurado está en debate, tratando de tomar la decisión, es bueno tener aunque sea uno que diga las cosas como son.

Normalmente una persona de la misma raza será más comprensible y entenderá un poco más los razonamientos y modo de pensar o actuar, lo cual ayudaría en el proceso de la decisión. Pero, al contrario, suelen seguirles la corriente a los otros en el jurado para aparentar ser igual a ellos y no ser comparados con el acusado, empeorando la situación.

La verdad es que esa persona sufre de inferioridad porque se está sintiendo menos en el grupo. No es necesario tener orgullo de otra persona sino de sí mismo. El jurado tiene que hacer su determinación basada en la evidencia que fue presentada a ellos y no están para juzgar a la persona como lo puede hacer uno que esté pensando sólo en que lo están haciendo quedar mal.

***

Existe una gran cantidad de latinos que forman parte del ejército, incluyendo mi sobrino. Siendo sólo residente permanente, eligió inscribirse voluntariamente, así como su padre, el cual participo durante la guerra de Vietnam. Los hispanos siempre han formado parte del ejército, participando orgullosamente en las guerras, sin ser muy reconocidos.

El ejército promete mucho para que se unan a ellos, pero no todas las promesas son cumplidas. También se dice que los primeros que se van al frente a luchar son los latinos y los negros. Quizás ya no sea tan cierto como en tiempos pasados, pero por si acaso, cuídese de no caer en una trampa.

Los únicos que están bien en el ejército son los de alto rango y también ellos tuvieron que pasar por mucho. Aunque conozco a alguien que siendo profesional se inscribió en la reserva y ha subido de rango sin tener que enfrentar al enemigo.

Cuando los terroristas atacaron las torres y el Pentágono, escuché a varios hispanos decir que estaban dispuestos a luchar por los Estados Unidos. Ellos eran indocumentados, y a pesar de la indiferencia y la discriminación que este país muestra por ellos, estaban agradecidos por las oportunidades que les brinda (y suerte que no pudieron ir, porque según se dice, la guerra no era necesaria.)

Esos indocumentados mostraron el patriotismo que sienten por los Estados Unidos. Pero eso no se tomó en cuenta y les están cerrando las puertas cada día más desde ese entonces.

Sin embargo, quizás hay cantidades de indocumentados de otros países tales como India, Japón, China, África y el Medio Oriente, que no le piden prueba de residencia legal y están tranquilamente en su trabajo.

Aunque los americanos no lo crean, podría llegar el día en que los hispanos seremos de gran importancia para ellos. Algún día reconocerán nuestra contribución.

Ya hay mucha evidencia de la superioridad que estamos logrando porque, como sabemos, estamos muy bien representados en varias partes del gobierno americano, y en grandes empresas que tienen latinos ocupando altos rangos.

Por supuesto, en el arte se han destacado muchas personalidades que también están contribuyendo a realzar la imagen de los latinos.

***

El derecho más importante que la ley le da al ser ya ciudadano es el de votar. Es un honor participar en la elección de los que toman las decisiones del país. Todos debemos hacerlo para no quedarnos atrás y sin saber lo que está pasando. Además se sentirá ser realmente americano y un buen ciudadano.

Claro, ya habrá tomado su decisión antes de votar y sabrá si está de parte de los demócratas, republicanos o independientes. Los demócratas siempre suelen velar por los pobres o por lo menos eso pensamos. Los republicanos normalmente son los ricos y millonarios, tal como los dueños del petróleo y los que controlan más al gobierno con sus influencias. Pero al fin y al cabo, puede ser que todos sean cortados por la misma cuchilla y sólo nos demos cuenta ya cuando se encuentren en el poder.

Lo que aparta a este gobierno de los otros países es la constitución firmada en el 1776 por *los fundadores de la patria*. Es un gobierno bien formado y organizado, comparado con los de muchos otros. No obstante, creo que la corrupción también existe. Todos están para llenar sus bolsas y olvidarse de los pobres que trabajamos para pagar por sus altos salarios con sus buenos beneficios.

En los relatos bíblicos hay más pobres que ricos. Así es que eso ya es parte de la vida y tenemos que conformarnos y hacer lo más que podamos para estar aunque sea en una posición media.

Mientras tanto, piense en que siempre hay alguien en peor condición. Por más mal que sea su situación, encuentre algo positivo en su vida. Muchos ricos no tienen salud, los hijos son infelices, así la vida tiene maneras de igualarnos a todos. En fin, podemos encontrar multitudes de razones que nos hagan sentir dichosos. Hasta un esclavo, en su tiempo, pienso que pudo encontrar algo que su amo no podía tener pero el sí.

***

Quiero mencionar también que la historia norteamericana es muy interesante y recomiendo que algún día hagan el esfuerzo de visitar a Washington D.C., el cual con sus museos nos instruye.

Recuerdo una vez en la biblioteca del congreso me encontré con un libro de leyes en el cual se refería a un caso del tiempo de los esclavos. El caso era entre dos amos peleándose por un esclavo como si éste fuera un objeto. Me di cuenta de lo real que fue esa etapa y que no fue solo una fantasía de película de Hollywood.

A pesar de que hoy en día en algunos estados también se pueden encontrar reflejos de esa época, nunca me hubiese imaginado la posibilidad de que un afroamericano llegue a ser presidente de los Estados Unidos este cada día más cerca.

¡Quién sabe si hasta el momento de la impresión de este libro, este hito histórico ya se haya realizado!

10

ASEGURE SU FUTURO

Por último, no hay que ser ciudadano americano para invertir dinero, tener su vida organizada o comprar propiedades, siempre y cuando pueda hacerlo legalmente, pero al menos la ciudadanía le ofrece seguridad y más estabilidad.

***

Durante la explosión de bienes raíces de los últimos años, hubo muchos que hicieron transmites ilegales para realizar compras de casas. Muchos se beneficiaron, pero también a algunos le sirvió de lección porque terminaron en la cárcel. Aunque los verdaderos culpables están también muertos de risa contando su dinero. Estos contribuyeron a que los precios subieran bien alto y que al caer, el golpe fue tan grande que nos afectó a todos.

Ese fue el comienzo del estado actual en el cual se encuentra la economía de los Estado Unidos. Aun así, tenemos la esperanza de recuperarnos porque ésta no es ni será la última vez que el país se encuentre en esta situación. Tenemos esperanza de que los lideres actualmente en el gobierno se encarguen de esto como lo han hecho en el pasado.

***

Es una buena idea empezar a ahorrar lo más pronto posible, y ésta es mi última opinión. Una de las mejores inversiones es abrir una cuenta para su retiro. Nunca es muy temprano ni muy tarde para hacerlo, aunque es mejor hacerlo con tiempo que tarde.

La cuenta de retiro, que se llama el IRA, le permite ahorrar sin tener que pagar impuestos por los intereses que va ganando hasta que retire su dinero. Esto está legalmente permitido siempre y cuando permanezca en el programa IRA. La conveniencia es que al llegar a la edad de retiro, el porcentaje de impuesto que le tocara pagar será mucho menor.

Fue una lástima que mi madre, mis hermanas y yo no supimos de esto antes. Aunque yo sabía de su existencia, nunca me dediqué a explorar las posibilidades y comenzar desde más joven.

Traté de encontrar a alguien que le pueda explicar cómo dar el primer paso. Recuerde que nunca es muy temprano. Muchas personas se han podido retirar a una edad joven y sus inversiones no fueron grandes pero sí ventajosas. ¡Claro, todo esto suponiendo que el gobierno americano no se desvanezca y quedemos todos en plano!

A los niños también se les empiezan los ahorros tan pronto se pueda. Existen varias maneras de hacerlo para que cuando sea tiempo de estudiar, ya estén en posición de pagar por los estudios universitarios.

Contrario a lo que muchos piensan, el estudio en este país no es gratis. El gobierno le facilita un préstamo el cual hay que comenzar a pagar poco después que el estudiante se gradúa. Por eso, no es sorprendente que existan muchos médicos, abogados, ingenieros, etc., endeudados por largo tiempo después de ejercer sus carreras. Algunos reciben becas, pero aún quedan endeudados.

Hay varias otras maneras de ahorrar para su beneficio. Es recomendable consultar con un consejero financiero (recuerde que estas personas han estudiado aquí y normalmente tienen licencias en su rama) De nuevo les aconsejo que se fijen bien con quien están tratando.

Una vez conocí a un señor que tenía una oficina y en su tarjeta nombraba los servicios que él prestaba. Esta persona por las noches limpiaba oficinas y por el día vestía de traje. Atraía clientes a su consultorio porque según su tarjeta de presentación era abogado, preparaba el informe de impuestos, traductor y consejero de negocios.

Les cuento que este señor apenas hablaba inglés. Yo creo que ni en su país llego a ser abogado. ¡Oh! Y hasta creo que también era pastor pero, sólo era un aprovechador o estafador muy hábil.

Existen compañías expresamente creadas para eso, y tienen que tener licencia, le mantienen al día de las diferentes maneras de ahorrar para su beneficio. Hay abogados que se dedican a esa rama, también. El Internet también ofrece mucha información gratis que le puede ayudar a tomar su decisión.

Ahorre, ahorre, ahorre, por más poco que sea. Al cabo de los años, no se arrepentirá. Antes de comprarse esa cerveza o algo que no sea necesario, piense en que si le está costando $7.00, es quizás una hora de trabajo que está invirtiendo para nada. Pero si ahorra el $7.00, los estará multiplicando.

***

Muchos son los que regresan a sus países creyendo que sería más fácil pasar la vejez allá. Yo pienso que con buen ingreso de sus ahorros, es más fácil gozar de su retiro en este país que en algún otro. La clave está en tener los fondos necesarios para vivir retirado.

Sepa que en esta generación existen más ancianos y personas en edad de retiro que en las anteriores. Por los tanto, hay cantidades de personas necesitando ayuda del gobierno, tal como la facilidad de viviendas con precios rebajados que ofrece.
Esto causa listas de espera y competencia entre todos y muchos nunca logran recibir tal ayuda.

Los ancianos que son internados en establecimientos privados que ofrecen servicios especiales y que supuestamente le tienen todo lo que necesiten al alcance, pagan caro por eso y no todos podemos hacerlo. Según me enteré acerca de uno de estos establecimientos, los interesados entregan todas sus pertenencias de valor y algunos invierten todo sus ahorros en comprar una villa dentro de dicho establecimiento. Las villas pasan de nuevo a manos del dueño original cuando cada nuevo dueño pasa a mejor vida. Entonces estas villas son revendidas a otros nuevos candidatos quienes perpetúan este círculo vicioso.

Me imagino las noches que deben pasar los dueños de esos establecimientos rezando para que llegue el día en que los inquilinos pasen a mejor vida y me pregunto cuál es el incentivo en ese establecimiento para proporcionar un buen cuidado a los que con su muerte aumentaran su riqueza material.

Notablemente los ricos suelen jubilarse o jubilar a sus viejos de esta manera.

Los norteamericanos, en su mayoría, hace tiempo que perdieron la cercanía que todos mantenemos con nuestros padres y abuelos, aunque no podemos decir que se olviden de ellos totalmente.

La idea en los Estados Unidos es que a los 18 años los hijos ya son adultos y es tiempo de que empiecen una nueva vida sin el apoyo total de los padres. Por lo tanto, los hijos dejan su nido tal como lo hacen las aves que vuelan en busca de sus propias vidas, después de haber obtenido toda la nutrición y atención necesaria para llegar a ser adultos. Así también los hijos esperan que sus padres hayan organizado sus vidas y se han preparado para el retiro, porque a la vez, los hijos están comenzando a prepararse también.

A los latinos todo esto puede que no nos parezca bien, pero hay que recordar que en esta generación y quizás mucho más en las futuras, hemos adoptado mucho de los norteamericanos.

***

Recientemente visité mi país y noté una gran diferencia a los años anteriores. Acudíamos a nuestro hogar a la hora del almuerzo, a comer el arroz con habichuela, o visitábamos el restaurante más cercano, el cual de seguro tendría un menú semejante al de nuestra casa, cuando íbamos a hacer cualquier diligencia.

Esta vez me sentí como si estuviese en los Estados Unidos cuando me encontré ordenando hamburguesas en McDonald's desde mi auto. No sólo eso, pudimos ir a la próxima esquina a ordenar pollo en el Kentucky Fried Chicken, para mi sobrina, sin bajar del auto.

También así cuando fuimos al supermercado, no observé gran diferencia entre los supermercados de mi tierra y los de este país, con excepción de las frutas y productos tropicales, que abundaban en los supermercados de mi país. Las comodidades que brindan estos establecimientos son bienvenidas porque ofrecen, entre muchas cosas más, oportunidades de empleo. Pero no sé si ese cambio es lo mejor que pueda suceder en nuestros países. Con el tiempo pueden pasar a ser a manos de los extranjeros y no de los nativos como ha sucedido en los Estados Unidos de América.

Es posible que poco a poco se pierda lo que muchos anhelamos algún día poder volver a saborear. Pueda ser que ya no sea posible retornar a pasar la vejez adonde reina la tranquilidad y hermosura natural que dejamos años atrás.

Aquí también existen lugares del país que recientemente han sufrido, por causa de los cambios que han tenido que soportar al ser invadidos por personas de otras partes del país.

PREGUNTAS Y RESPUESTAS

Por ejemplo, en el pueblo de Ocean City, en el estado de Maryland, leí en un periódico las quejas que algunos nativos del lugar estaban expresando porque según dijo uno de ellos, *la gente de la ciudad* (tal como Nueva York, Nueva Jersey) *viene acá y compran propiedades por estos lugares para dejar atrás la multitud y gozar de la tranquilidad, sin embargo, quieren tener un Wal-Mart en cada esquina.*

Se estaban quejando porque habían perdido la tranquilidad y sus ambientes. Al agrandarse el pueblo por las construcciones de edificios con tiendas, condominios y hoteles, los impuestos subieron, porque entonces fue necesario ampliar las calles, emplear más policías y a lo mejor, enriquecer más al alcalde del pueblo.

Al estar este mundo lleno de contradicciones, también leí que un pueblo, a algunas 30 millas de ahí, los nativos del lugar se quejaba porque los residentes nuevos se estaban oponiendo a un proyecto de edificios que estaban por construir. Ellos, al contrario de los residentes de Ocean City, querían ver más progreso en su pequeño pueblo rodeado por un gran río, arboles y campo que los de las grandes ciudades querían gozar.

***

La vida es corta y si ha llegado a cierta edad sin conseguir su residencia o ciudadanía norteamericana, recuerde que siempre seguirá siendo huésped en este país y puede ser posible que tenga que regresar al suyo. Será tiempo de tomar sus ahorros y colocarlos en su país para su futuro, porque allá tendrá apoyo especialmente familiar.

Además, por los menos aprendió un buen inglés, así como algunas de las leyes básicas de este país. Se evitó muchos problemas, porque también conoce sus derechos. Mientras que trabajó y aprovechó su tiempo, sin abusar de los recursos del gobierno. Mantuvo buen crédito. Fue conservador. Participó en círculos sociales y orgullosamente aseguro su futuro.

Al ser ya un buen ciudadano americano puede gozar de su retiro o jubilación en cualquier parte del mundo, pero con sus raíces aquí, donde las oportunidades nunca cesan y de nuevo digo, al menos que las cosas cambien, ¡donde la edad no es un obstáculo!

Nota: Repito, los consejos, sugerencias, comentarios y/o relatos no están necesariamente ni totalmente relacionados con los latinos o personas específicas o conocidas por el autor. En muchas instancias pueden ser aplicables o dirigidas a cualquier raza o país.

www. **maritzasalvado.com**

PREGUNTAS Y RESPUESTAS PARA EXAMEN CIUDADANIA

Algunas personas distribuyen las preguntas para la ciudadanía en Español, sin embargo no se de que vale aprenderlas en otro idioma si el examen va a ser en Ingles. Estas preguntas y respuestas pueden ser encontradas en las paginas Web de USCIS, además de cualquier otra información relacionada con el departamento de inmigración y naturalización.

Recuerde que esto puede ser información parcial y que la fuente de información más completa esta en el departamento de naturalización de los estados unidos. Ningún libro puede mantener información que este al día porque las reglas pueden cambiar con el tiempo. Por medio del Internet y en las páginas Web se encuentra toda la información mas reciente.

Civics (History and Government) Questions for the Redesigned (New) Naturalization Test

The 100 civics (history and government) questions and answers for the redesigned (new) naturalization test are listed below. Applicants who filed the *Application for Naturalization, Form N-400*, on or after October 1, 2008, should study this list. The civics test is an oral test and the USCIS Officer will ask the applicant up to 10 of the 100 civics questions. An applicant must answer 6 out of 10 questions correctly to pass the civics portion of the naturalization test. (10 de las 100 preguntas tendrá que contestar y 6 de ellas tienen que estar correcta)

Although USCIS is aware that there may be additional correct answers to the 100 civics questions, applicants are encouraged to respond to the civics questions using the answers provided below.

* If you are 65 years old or older and have been a legal permanent resident of the United States for 20 or more years, you may study just the questions that have been marked with an asterisk

AMERICAN GOVERNMENT

A: Principles of American Democracy

1. What is the supreme law of the land? ▪ *the Constitution*
2. What does the Constitution do? ▪ *sets up the government*
▪ *defines the government* ▪ *protects basic rights of Americans*
3. The idea of self-government is in the first three words of the Constitution. What are these words? ▪ *We the People*
4. What is an amendment?
▪ *a change (to the Constitution)* ▪ *an addition (to the Constitution)*
5. What do we call the first ten amendments to the Constitution?

▪ *the Bill of Rights*
6. What is <u>one</u> right or freedom from the First Amendment?*
▪ *speech* ▪ *religion* ▪ *assembly* ▪ *press* ▪ *petition the government-*
7. How many amendments does the Constitution have?
▪ *twenty-seven (27)*
8. What did the Declaration of Independence do?
▪ *announced our independence (from Great Britain)*
▪ *declared our independence (from Great Britain)*
▪ *said that the United States is free (from Great Britain)*
9. What are <u>two</u> rights in the Declaration of Independence?
▪ *life* ▪ *liberty* ▪ *pursuit of happiness*
10. What is freedom of religion?
▪ *You can practice any religion, or not practice a religion.*

11. What is the economic system in the United States?*
• *capitalist economy* • *market economy*
12. What is the "rule of law"?• *Everyone must follow the law.*
• *Leaders must obey the law.*• *Government must obey the law.*
• *No one is above the law.*

B: System of Government

13. Name <u>one</u> branch or part of the government.* • *Congress*
• *legislative*• *President*• *executive* • *the courts* • *judicial*
14. What stops <u>one</u> branch of government from becoming too powerful? • *checks and balances* • *separation of powers*
15. Who is in charge of the executive branch? • *the President*
16. Who makes federal laws? • *Congress* • *Senate and House (of Representatives)* • *(U.S. or national) legislature*
17. What are the <u>two</u> parts of the U.S. Congress?*
• *the Senate and House (of Representatives)- -*
18. How many U.S. Senators are there? • *one hundred (100)*
19. We elect a U.S. Senator for how many years? • *six (6)*
20. Who is <u>one</u> of your state's U.S. Senators now?*

• *Answers will vary. [District of Columbia residents and residents of U.S. territories should answer that D.C. (or the territory where the applicant lives) has no U.S. Senators.]*
21. The House of Representatives has how many voting members?
• *four hundred thirty-five (435)*
22. We elect a U.S. Representative for how many years? • *two (2)*
23. Name your U.S. Representative. • *Answers will vary. [Residents of territories with nonvoting Delegates or Resident Commissioners may provide the name of that Delegate or Commissioner. Also acceptable is any statement that the territory has no (voting) Representatives in Congress.]*
24. Who does a U.S. Senator represent? • *all people of the state*

25. Why do some states have more Representatives than other states? ▪ *(because of) the state's population* ▪ *(because) they have more people* ▪ *(because) some states have more people*

26. We elect a President for how many years? ▪ *four (4)*

27. In what month do we vote for President?* ▪ *November*

28. What is the name of the President of the United States now?*

▪ *Barack Obama*▪ *Obama*

29. What is the name of the Vice President of the United States now? ▪ *Joseph R. Biden, Jr.* ▪ *Joe Biden* ▪ *Biden*

30. If the President can no longer serve, who becomes President?

▪ *the Vice President*

31. If both the President and the Vice President can no longer serve, who becomes President? ▪ *the Speaker of the House*

32. Who is the Commander in Chief of the military? *the President*

33. Who signs bills to become laws? ▪ *the President*

34. Who vetoes bills? ▪ *the President*

35. What does the President's Cabinet do? ▪ *advises the President*

36. What are <u>two </u>Cabinet-level positions? ▪ *Secretary of Agriculture*

▪ *Secretary of Commerce*▪ *Secretary of Defense*▪*Secretary of education*

▪ *Secretary of Energy*▪ *Secretary of Health and Human Services*

▪ *Secretary of Homeland Security*▪ *Secretary of Housing and Urban Development*▪ *Secretary of the Interior*▪ *Secretary of Labor*▪ *Secretary of State*▪ *Secretary of Transportation*▪ *Secretary of the Treasury*

▪ *Secretary of Veterans Affairs*▪ *Attorney General* ▪ *Vice President*

37. What does the judicial branch do? ▪ *reviews laws* ▪ *explains laws* ▪ *resolves disputes (disagreements)* ▪ *decides if a law goes against the Constitution*

38. What is the highest court in the United States? ▪ *the Supreme Court*

39. How many justices are on the Supreme Court? ▪ *nine (9)*

40. Who is the Chief Justice of the United States now?
▪ *John Roberts (John G. Roberts, Jr.)*

41. Under our Constitution, some powers belong to the federal government. What is <u>one</u> power of the federal government?

▪ *to print money*▪ *to declare war* ▪ *to create an army*▪ *to make treaties* **42. Under our Constitution, some powers belong to the states. What is <u>one</u> power of the states?**

▪ *provide schooling and education*▪ *provide protection (police)*
▪ *provide safety (fire departments)*▪ *give a driver's license*
▪ *approve zoning and land use*

43. Who is the Governor of your state now?
▪ *Answers will vary. [District of Columbia residents should answer that D.C. does not have a Governor.]*

44. What is the capital of your state?*
▪ *Answers will vary. [District of Columbia residents should answer that D.C. is not a state and does not have a capital. Residents of U.S. territories should name the capital of the territory.]*

45. What are the <u>two</u> major political parties in the United States?*
▪ *Democratic and Republican*

46. What is the political party of the President now?
▪ *Democratic (Party)*

47. What is the name of the Speaker of the House of Representatives now? ▪ *(Nancy) Pelosi*

C: Rights and Responsibilities

48. There are four amendments to the Constitution about who can vote. Describe <u>one</u> of them. ▪ *Citizens eighteen (18) and older (can vote)* ▪ *You don't have to pay (a poll tax) to vote.*▪*Any citizen can vote(Women and men can vote.)*▪ *A male citizen of any race (can vote).*

49. What is <u>one</u> responsibility that is only for United States citizens?* ▪ *serve on a jury* ▪ *vote in a federal election*

50. Name <u>one</u> right only for United States citizens.
▪ *vote in a federal election* ▪ *run for federal office*

51. What are <u>two</u> rights of everyone living in the United States?
▪ *freedom of expression* ▪ *freedom of speech* ▪ *freedom of assembly*
▪ *freedom to petition the government*▪ *freedom of worship*
▪ *the right to bear arms*

52. What do we show loyalty to when we say the Pledge of Allegiance? ▪ *the United States* ▪ *the flag- -*

53. What is <u>one</u> promise you make when you become a United States citizen? ▪ *give up loyalty to other countries*▪ *defend the Constitution and laws of the United States* ▪ *obey the laws of the United States* ▪ *serve in the U.S. military (if needed)* ▪ *serve (do important work for) the nation (if needed)*▪ *be loyal to the United States*

54. How old do citizens have to be to vote for President?*
▪ *eighteen (18) and older*

55. What are <u>two</u> ways that Americans can participate in their democracy?
▪ *vote*▪ *join political party*▪ *help with a campaign*▪ *join a civic group*
▪ *join a community group*▪ *give an elected official your opinion on an issue* ▪ *call Senators and Representatives*▪ *publicly support or oppose an issue or policy* ▪ *run for office*▪ *write to a newspaper*

56. When is the last day you can send in federal income tax forms?* ▪ *April 15*

57. When must all men register for the Selective Service?
▪ *at age eighteen (18)* ▪ *between eighteen (18) and twenty-six (26)*

AMERICAN HISTORY

A: Colonial Period and Independence

58. What is <u>one</u> reason colonists came to America?

• *freedom* • *political liberty* • *religious freedom* • *economic opportunity*
• *practice their religion* • *escape persecution*

59. Who lived in America before the Europeans arrived?

• *American Indians* • *Native Americans- -*

60. What group of people was taken to America and sold as slaves? • *Africans* • *people from Africa*

61. Why did the colonists fight the British?

• *because of high taxes (taxation without representation)*
• *because the British army stayed in their houses (boarding, quartering)* • *because they didn't have self-government*

62. Who wrote the Declaration of Independence?

• *(Thomas) Jefferson*

63. When was the Declaration of Independence adopted?

• *July 4, 1776*

64. There were 13 original states. Name <u>three</u>.

• *New Hampshire* • *Massachusetts* • *Rhode Island* • *Connecticut*
• *New York* • *New Jersey* • *Pennsylvania* • *Delaware* • *Maryland*
• *Virginia* • *North Carolina* • *South Carolina* • *Georgia*

65. What happened at the Constitutional Convention?

• *The Constitution was written.*
• *The Founding Fathers wrote the Constitution.*

66. When was the Constitution written? • *1787*

67. The Federalist Papers supported the passage of the U.S. Constitution. Name <u>one</u> of the writers.

• *(James) Madison* • *(Alexander) Hamilton* • *(John) Jay* • *Publius*

68. What is <u>one</u> thing Benjamin Franklin is famous for?

• *U.S. diplomat* • *oldest member of the Constitutional Convention*
• *first Postmaster General of the United States* • *writer of "Poor Richard's Almanac"* • *started the first free libraries- -*

69. Who is the "Father of Our Country"? • *(George) Washington*

70. Who was the first President?* • *(George) Washington*

B: 1800s

71. What territory did the United States buy from France in 1803?
▪ *the Louisiana Territory* ▪ *Louisiana*
72. Name <u>one</u> war fought by the United States in the 1800s. ▪ *War of 1812* ▪ *Mexican-American War* ▪ *Civil War* ▪ *Spanish-merican War*
73. Name the U.S. war between the North and the South.
▪ *the Civil War* ▪ *the War between the States*
74. Name <u>one</u> problem that led to the Civil War.
▪ *slavery* ▪ *economic reasons* ▪ *states' rights*
75. What was <u>one</u> important thing that Abraham Lincoln did?*
▪ *freed the slaves (Emancipation Proclamation)* ▪ *saved (or preserved) the Union* ▪ *led the United States during the Civil War*
76. What did the Emancipation Proclamation do?
▪ *freed the slaves* ▪ *freed slaves in the Confederacy* ▪ *freed slaves in the Confederate states* ▪ *freed slaves in most Southern states*
77. What did Susan B. Anthony do?
▪ *fought for women's rights* ▪ *fought for civil rights*
C: Recent American History and Other Important Historical Information
78. Name <u>one</u> war fought by the United States in the 1900s.*
▪ *World War I* ▪ *World War II* ▪ *Korean War* ▪ *Vietnam War* ▪ *(Persian) Gulf War- -*
79. Who was President during World War I?
▪ *(Woodrow) Wilson*
80. Who was President during the Great Depression and World War II? ▪ *(Franklin) Roosevelt*
81. Who did the United States fight in World War II?
▪ *Japan, Germany, and Italy*
82. Before he was President, Eisenhower was a general. What war was he in? ▪ *World War II*

83. During the Cold War, what was the main concern of the United States? • *Communism*

84. What movement tried to end racial discrimination?
• *civil rights (movement)*

85. What did Martin Luther King, Jr. do?*
• *fought for civil rights* • *worked for equality for all Americans*

86. What major event happened on September 11, 2001, in the United States? • *Terrorists attacked the United States.*

87. Name <u>one</u> American Indian tribe in the United States.
[USCIS Officers will be supplied with a list of federally recognized American Indian tribes.] • *Cherokee• Navajo• Sioux• Chippewa• Choctaw• Pueblo• Apache• Iroquois• Creek • Blackfeet• Seminole• Cheyenne• Arawak• Shawnee • Mohegan• Huron• Oneida• Lakota• Crow• Teton• Hopi• Inuit-*

INTEGRATED CIVICS

A: Geography

88. Name <u>one</u> of the two longest rivers in the United States.
• *Missouri (River)* • *Mississippi (River)*

89. What ocean is on the West Coast of the United States?
• *Pacific (Ocean)*

90. What ocean is on the East Coast of the United States?
• *Atlantic (Ocean)*

91. Name <u>one</u> U.S. territory.
• *Puerto Rico* • *U.S. Virgin Islands* • *American Samoa* • *Northern Mariana Islands* • *Guam*

92. Name <u>one</u> state that borders Canada.
• *Maine• New Hampshire* • *Vermont• New York• Pennsylvania• Ohio*
• *Michigan• Minnesota• North Dakota• Montana• Idaho Washington• Alaska*

93. Name <u>one</u> state that borders Mexico.
• *California* • *Arizona• New Mexico• Texas*

94. What is the capital of the United States?*
• *Washington, D.C.*

85

95. Where is the Statue of Liberty?*
- *New York (Harbor)* - *Liberty Island*
[Also acceptable are New Jersey, near New York City, and on the Hudson (River).]
B: Symbols

96. Why does the flag have 13 stripes?
- *because there were 13 original colonies*
- *because the stripes represent the original colonies*
97. Why does the flag have 50 stars?*
- *because there is one star for each state* *because each star represents a state* - *because there are 50 states*
98. What is the name of the national anthem?
- *The Star-Spangled Banner*

C: Holidays

99. When do we celebrate Independence Day?* - *July 4*
100. Name two national U.S. holidays.
- *New Year's Day* *Martin Luther King, Jr. Day* *Presidents' Day*
- *Memorial Day* - *Independence Day* *Labor Day* *Columbus Day*
- *Veterans Day* - *Thanksgiving* *Christmas*

¿Cuál Examen Debo Tomar Para La Ciudadanía Y Cuales Son Las Preguntas?

Aquí esta la formula por la cual puede calcular si el examen nuevo o el viejo es el que debe tomar. Por ejemplo, Si esta aplicando después del 1ro de Octubre, 2008 y examinándote en o después del 1ro de Octubre, 2009 tomara el examen nuevo.

USCIS will begin administering the	Date of Initial	Test to be Taken	If Applicant Fails Initial

redesigned (new) naturalization test on October 1, 2008. Use the chart below to determine if you will take the old or redesigned (new) test. **Date Form N-400 Filed***	**Exam**		**Exam, Re-test to be Taken**
Before October 1, 2008	Before October 1, 2008	Old Test	Old Test
Before October 1, 2008	On or After October 1, 2008 up until October 1, 2009	Applicant's Choice of -Old Test or -Redesigned (New) Test	The same version of the test as the one taken during the initial examination
On or After October 1, 2008	On or After October 1, 2008	Redesigned (New) Test	Redesigned (New) Test
At Any Time (i.e. Before, On or After October 1, 2008)	On or After October 1, 2009	Redesigned (New) Test	Redesigned (New) Test

*The *Application for Naturalization, Form N-400*, is properly filed with USCIS on the date it is received by the appropriate USCIS Office with signature, correct fee, and the form is completed

Exemptions from English and Civics Requirements

(Los de 65 años de edad o más pueden tomar el examen en español)

Some applicants are exempt from the English requirements for naturalization based on their age and amount of time as a permanent resident. These applicants must still take the civics test.

You do not take the English test if you are	Lived as permanent resident in the United States for	You still take the
Age 50 or older	20 years	civics test in your language
Age 55 or older	15 years	civics test in your language
Age 65 or older	20 years	simplified civics test in your language

Applicants with a physical or developmental disability or a mental impairment so severe that it prevents acquiring or demonstrating the required knowledge of English and civics, may be eligible for an exception to these requirements. To request this exception, you must file a *Medical Certification for Disability Exceptions, Form N-648.*